Ob sich *die Damen* der Philosophie widmen sollten? – so lautet die Frage, die im Jahre 1681 ein Abbé de Gérard öffentlich disputiert haben will. Wie ein Spielball macht das Gerücht die Runde: Es gibt noch eine andere Vernunft, als jene langweilig-kalkulierende der großen Männer-Systeme. Mit Lust und einem gehörigen Schuß Eros üben sich die Damen in weiblicher Renitenz zum denkerischen Einerlei ihrer männlichen Kollegen.
In Emilie du Châtelet, eigenwillige Leibniz-Schülerin und prominente Newton-Übersetzerin, findet sich die erste, brilliante *Damenphilosophin*. Und schon bald kommen die männlichen Nachahmer. Auf die Damenphilosophie folgt die *Männermoral*: Francesco Algarotti übersetzt Newton *für die Damen*, ein Herr LaLande schreibt eine *Damenastronomie*, und selbst Immanuel Kant gibt seinen Kommentar. Schließlich schickt ein Marquis d'Argens die Philosophie definitiv ins erotomane Boudoir, wo sie der Marquis de Sade als Geschichte über die Männermoral weitertraktiert. – Doch trotz List, Scherz und Eros: Die Mär vom weiblichen Vernunft*defizit* dürfte nach *Damenphilosophie und Männermoral* wie eine Seifenblase platzen.

Die Autorin, geboren 1959, lehrt Philosophie an der Universität Zürich. 1989 erschien im Passagen-Verlag ihr Buch *Immanuel Kant zur Geschlechterdifferenz*.

Damenphilosophie & Männermoral

Passagen Philosophie

Ursula Pia Jauch

Damenphilosophie & Männermoral

Von Abbé de Gérard bis Marquis de Sade
Ein Versuch über die lächelnde Vernunft

Passagen Verlag

Deutsche Erstausgabe

CIP-Titelaufnahme der Deutschen Bibliothek

Jauch, Ursula Pia:
Damenphilosophie & [und] Männermoral : von Abbé de Gérard
bis Marquis de Sade ; ein Versuch über die lächelnde Vernunft
/ Ursula Pia Jauch. – 2. Aufl. – Wien : Passagen-Verl.,
1990
(Passagen Philosophie)
ISBN 3-900767-48-3

Erste Auflage 1990
Zweite durchgesehene und korrigierte Auflage 1991

ISBN 3-900767-48-3

Graphisches Konzept: Ecke Bonk, Düsseldorf 1989
Satz: Fuldaer Verlagsanstalt
Druck: Print Trade Budapest

INHALT

Und wie würdet Ihr Männer Euch langweilen und sogar abgestossen fühlen, wenn Ihr als nur vernünftige Wesen dazu verurteilt wäret, nur gelehrt und positiv zu sein und immer mit Philosophen zu verkehren.

Ninon de Lenclos

VORWORT

–

worinnen expliziert wird, weshalb man der Philosophie die Ironie wieder geben muß. Sekundiert von einer Bemerkung, welche in aller Kürze von Lust & Last beim Schreiben dieses kleinen Traktätchens handelt. Nochmals sekundiert von Tristram Shandy, einer Dedikation und einem Dank an alle Beteiligten.

Verehrte Leserin, theurer Leser. Sie erwarten nun gewiß philosophisch Tiefengeschärftes zur Explikation des angekündeten Unternehmens mit den leicht hochtrabenden Überschriften, Titeln und Versprechen. Aber seien Sie offen: Ist es denn noch nötig, eine Klage zu singen über den allgemeinen Niedergang des philosophischen Lachens; über die zeitgenössische Absenz denkerischer Ironie? Ist es nötig, noch weiter zu trauern über die aktuelle Spröde in den Köpfen, den philologischen Kleingeist, den denkerischen Kleinmut? Und wer wollte sich denn mit der gängigen Parzellierung des Tuns zufriedengeben; wer könnte sich zwischen überfüllten Hörsälen, bürokratischen Quisquilien & tausenderlei organisatorischen Petitessen noch akkomodieren und mit Lust & Laune den schillernden Zwischentönen, dem freundlichen Un-Sinn, den ironischen Geschichten über Klein- und Kleinstereignisse im Land der Philosophie nachgehen?

Aber, werter Leser, theure Leserin: Ich will Sie, die Sie ja ebenso unter der Bürde der rechnenden Vernunft zu leiden haben, nicht mit klagender Larmoyanz langweilen. Und diejenigen unter Ihnen, die nicht zum akademischen Fußvolk gehören, sollen gewiß nicht mit zweifelhaften Schauermärchen aus den Hohen Schulen in Mißstimmung versetzt werden. Schließlich liegt es mir fern, ein weiteres Kapitel zur gegenwärtigen *Metaphysik der Griesgrämigkeit* zu schreiben. Also: Erinnern wir uns etwa an den Philosophieprofessor Christian Thomasius und dessen herzhaften Schlachtruf „Wider die Pedanterey!“, erinnern wir uns an die unbekümmerte Ninon de Lenclos und ihren *horror rationis* vor den „nur vernünftigen Wesen“. Und erinnern wir uns schließlich – wenn auch mit etlichen Vorbehalten – an den werten Herrn Hegel, der gelegentlich vom hohen Roß des Weltgeistes zu uns armen lach- & lustbedürftigen Menschenkindern hinabgestiegen ist und versprochen hat, dem Denken die Ironie wiederzugeben. Doch Hand aufs Herz: Auch wenn der schlaue Herr Hegel die List der Vernunft seinem geistigen Raritätenkabinett zugeschlagen hat, so bleiben die großen Erzählungen der Philosophie doch meist voll von wohlklingenden Versprechen und hochtrabenden dialektischen Kniffs, die den beiden Damen List & Ironie dennoch kaum mehr als ein gutes Führungszeugnis im Raum des Denkens ausstellen. Die List, die Lust & das Lachen: noch immer Zaungäste bei den Darbietungen der Kopfarbeiter.

Que faire? Was also bleibt zu tun? Vielleicht einfach mal so tun, *als ob* dem allem längst nicht mehr so wäre; *als ob* nur ein schlechtes Gerücht die Philosophie in den Ruf einer bierernsten Kunst gebracht hätte; *als ob* wir nachts, wenn es dunkel ist und die Sterne am Himmel blinken, noch immer mit der Marquise de G*** den spekulativen Scherzen über mögliche Welten anhingen. Mir jedenfalls ist es so ergangen. Eine Phase krudester Schlaflosigkeit verbunden mit der täglich anwachsenden Verzweiflung am trüben Format aktueller Vernunft hat mich den Faden Fontenelles auffangen & durch einige phantastische Texte weiterspinnen lassen. Theure Leserin, werter Leser. Ich zweifle nicht an Ihrer Lebenskunst. Dennoch: Erweisen Sie mir die kleine Gefälligkeit, das Buch sofort wegzulegen oder zu verschenken, falls Sie keine Freude an der Ironie und keine Nachsicht für die gelegentlich eintretenden Zwischenlagen des Seins aufbringen können. Wenn Sie mir aber folgen wollen – wohlan!

Zwei Bemerkungen auf den Weg. *Kurz & erstens*: Meine Damenphilosophie ist kein Scherz. *Zweitens*: Und doch kann sie scherzen & die hochseriösen Globalunternehmen männlichen Denkens durchaus mit äquivalenten Gegengeschichten parieren. Ich halte mich zwar an die gute akademische Gepflogenheit des Belegens und Zitierens. Dennoch erhebe ich nicht so sehr den Anspruch auf die Meriten der Wissenschaftlichkeit, sondern *plaire, un tout petit peu instruire et surtout: faire sourire la raison*; das ist alles, was ich will.

Doch was sollen Vorworte: Wenn das Buch gefällt, so wird es gelesen; wenn es nicht gefällt, so liegt mir nichts daran, daß es gelesen werde. Und man erlaube mir hier, anstelle einer langfädigen *Kritik des Vorwortes*, einem liebgewonnenen Freund das Wort zu erteilen, nämlich dem hochwohllöblichen Herrn Laurence Sterne alias *Tristram Shandy, Gentleman*, der zu Beginn seiner Lebenserzählung den sehr ehrenwerten Mr. Pitt folgendermaßen instruiert:

> Ich ersuche Euch untertänigst, Sir, erweist diesem Buch die Ehre und nehmt es – (nicht unter Eure Protektion, – es muß sich selbst protegieren, sondern) – mit Euch aufs Land; sintemalen, sollte ich's je vernehmen, daß es Euch lächeln gemacht, oder mir einbilden dürfen, daß es Euch den Schmerz eines Augenblicks verscheucht – ich würde mich für so glücklich erachten, als ein Staatsminister, – vielleicht weit glücklicher als irgend einer, (einen Einzigen ausgenommen) von dem ich jemals gelesen oder gehört habe.

Werte Leserin! Nochmehr, als dem ehrenwerten Mr. Pitt, gilt diese Dedikation Ihnen, der Dame R***, G***, S***, B***, J***, A***, M*** und natürlich der Unbekannten Leserin, die ich hiermit zur Marquise de X*** die Ehre habe zu erheben. Und ohne Sie herabsetzen zu wollen, werte R***, erlauben Sie eine ganz persönliche Dedikation dieses bescheidenen Traktätchens an Rahel Ursina, das keckste Mädchen auf der ganzen Welt.

***

Natürlich fallen die Bücher nicht von den Bäumen. Ein großer, von Herzen kommender Dank an jene freundlichen Menschen, die mich während dem Schreiben, beim Wühlen, Suchen und gelegentlichen Zweifeln dennoch entschieden bei Lust & Laune gehalten, soulagiert, fortifiziert und encouragiert haben. Und dem Liebsten aller *FR*eundlichen sei hier für seine Geduld im Großen & im Kleinen exklusiv & von g*ANZ*em Herzen gedankt. Dank aber auch an Jene, die meiner ständigen Suche nach dem Wertvollsten, nämlich der verlorenen Zeit im Räderwerk des ewigen Tuns, nicht mit Kleingeist, sondern mit Großzügigkeit entgegengekommen sind. Und schließlich ein augenzwinkernder Dank an den regulinisch-sorellinischen Selbsthülfe-Fonds *ad pias causas foeminarum*. Denn letztlich, Herr Hegel, ist die List der Vernunft eine *Weiber*tugend.

Zürich, im Frühsommer 1990 *Ursula Pia Jauch*

Erstes Kapitel

–

*welches von der Damenphilosophie als Experimentalphilosophie handelt, eine erneute Lektüre von Fontenelles „Entretiens sur la Pluralité des Mondes“ & die Marquise de G*** vorstellt.*

In der Januarnummer des *Mercure Galant* von 1686, populäres Periodikum im Frankreich des siebzehnten Jahrhunderts, wird die Leserschaft auf ein erfreuliches Ereignis in der Republik der Bücher aufmerksam gemacht. Bernard de Fontenelle, bekannt als witziger Autor der *Dialogues des Morts*, habe nun endlich ein neues Buch verfaßt, das trotz seiner trockenen Materie, nämlich Philosophie, auch den Freundinnen der galanten Leser zuzumuten sei. Das kuriose Buch enthalte *Entretiens sur la Pluralité des Mondes* und zudem: es richte sich im Sinne eines galanten Gesprächs speziell an Frauen.[1] Johann Christoph Gottsched, Protagonist des schnell erfolgreichen Werkes, betitelt 1726 seine deutsche Übersetzung denn auch als *Gespräche von Mehr als einer Welt zwischen einem Frauenzimmer und einem Gelehrten.*

Gegen das Gähnen in der Philosophie

Die Philosophie, der Gelehrte und das Frauenzimmer: in der Tat eine der brisantesten Diskurskombinationen, die man sich denken kann. Damit ist ein Stelldichein zwischen weltlicher Alltagsverbundenheit und denkerischer Spekulation eröffnet, in welches sich kaum ein Vorurteil, kaum ein Fragezeichen *nicht* verirren könnte. Es begegnen sich akademische Gelehrsamkeit und weibliche Neugierde, philosophische Denktraditionen und täglich neu zu erfindende Weltsichten, dann wieder denkeri-

Gespräche
von
Mehr als einer Welt
zwischen einem
Frauen-Zimmer
und einem
Gelehrten.

LEIPZIG/
bey Thomas Fritsch/1698.

Abbildung (1)
Frontispiz der ersten deutschen Übersetzung von Fontenelles
Entretiens sur la Pluralité des Mondes

sche Versuchsballone, pädagogische Leitlinien und spöttelnde Belehrungsrenitenz. Kurz: Es handelt sich um ein Treffen zwischen einem Denk-Experten und einer philosophierenden Debütantin. Ebenso different, möchte man meinen, sind die Methoden: gesichertes (männliches) Wissen gegen verunsichertes und zuweilen verunsicherndes (weibliches) Lachen, Spotten, Scherzen und Fragen.

Da ist zunächst die Frage, ob und welches Wissen in einem galanten Gespräch überhaupt vermittelt werden könne. Genau hier hakt 1686 die Werbung des Rezensenten im *Mercure Galant* nochmals ein. Die neuen Dialoge des Herrn Fontenelle, so muß man den begeisterten Kommentator zwischen den Zeilen verstehen, stellen einen wichtigen Beitrag gegen das Gähnen in den Wissenschaften dar. Philosophie, Physik und im speziellen die Astronomie werde an die intellektuelle Reichweite, die *portée* der Damen angepaßt; ohne Schulmeisterei und akademischen Firlefanz werden einem Frauenzimmer bei abendlichen Gesprächen die Konstruktion des Universums, eine Handvoll Lehrsätze aus der Moralphilosophie sowie einige historische Daten nähergebracht.

Auch das ungelehrte Frauenzimmer hat seine Philosophie. Und man kann dieser weiblichen Verunsicherungsmethode – ohne Anspruch auf ein klassisch-philosophisches Gütesiegel zu erheben – durchaus & versuchsweise den Namen *Damenphilosophie* geben.

Der ideologie- und vorurteilskritisch geeichte Leser des zwanzigsten Jahrhunderts (und noch mehr die Leserin) wird hier natürlich sofort innehalten und mindestens zwei Einwände plazieren: Zunächst einmal wisse man spätestens seit der feministischen Aufarbeitung der Philosophiehistorie im zwanzigsten Jahrhundert, daß die intellektuelle Reichweite der Damen nun keineswegs reduziert sei. Und zweitens tauge ein galantes Gespräch zwischen einem Marquis und einer Marquise, abgehalten erst noch abends im sozialprivilegierten Schutzraum einer Rokokoparkanlage, nun wirklich nicht zur Wiederbelebung der Philosophie für eine breite, interessierte Öffentlichkeit. Kurz: Die galante Damenphilosophie scheint schon verdächtig und vorverurteilt, bevor sie sich überhaupt auf der Bühne präsentieren darf.

Doch da die aktuellen Formen von Ideologie- und Vorurteilskritik durchaus breiten Raum in zeitgenössischen Texten finden, bitte ich darum, gnädig darüber hinwegzuschauen, wenn ich für einmal die mittlerweile bekannten Argumente feministischer Kritik verlasse. Meine These lautet in aller Kürze: Damenphilosphie ist eine luzide und phantasievolle Form der Popularphilosophie.[2] Und ich werde mich bemühen, in den folgenden *Damenphilosophie-Geschichten* mögliche und vielleicht etwas vorschnelle Einwände aus heutiger Perspektive im Rückgang auf die historische Debatte zu entkräften.

Damenphilosophie als verkleidete Philosophie

Zurück also zu Fontenelle: Auch in der historischen Perspektive von 1686 wird ein heute nicht unbekannter Diskurs geführt. Das Argument des Skeptikers lautet: Es möge ja ganz verdienstvoll sein, wenn auch die Frauen dort, wo es für sie von evidentem praktischem Nutzen ist, mit einer Art Alltagsphilosophie konfrontiert werden. Aber ob es denn gerade die schwere denkerische Materie der Philosophie sein müsse? Und zudem: Eröffne sich hier nicht der Horizont einer mediokren und halbgelehrten *Salonphilosophie*? Der skeptische Rezensent von Fontenelles Frauenzimmerphilosophie hat ein erstaunliches Sensorium für existente Vorurteile. Ebenso aber auch für effektvolle Werbung: *Enfin*, es handle sich bei Fontenelles neuen Dialogen über die *Pluralité des Mondes* kaum um ein Werk, das sich – modern formuliert – an ein mögliches weibliches Vernunft*defizit* anpasse. Vielmehr geht es um die Wiedererinnerung an die Methode sokratischer Diskursphilosophie. Damenphilosophie ist in diesem Sinne positiv zu verstehen, weil es sich um „verkleidete Philosophie“ handle, und das Kleid, nämlich die Anmut und Leichtigkeit des galanten Gesprächs zwischen einem philosophischen Fachmann und einer geistreichen Schönen, erinnere daran, daß die Wahrheit schon immer bei den Grazien zu finden gewesen sei.

In der Tat: Das Werk wird schnell zu einem Bestseller. Allein zwischen 1686 und 1764 erscheinen dreiunddreißig französische Editionen; die galant-astronomischen Frauenzimmergespräche werden im achtzehnten Jahrhundert ins Englische, Holländische, Italienische, Griechische und Deutsche übersetzt.

Das Buch nimmt auch in der deutschen Übersetzung ein erfolgreiches, wenn auch eigenes Schicksal. 1794 erscheint in Halle eine Ausgabe mit dem Titel *Herrn von Fontenelles Unterredungen über die Mehrheit der Welten*. Der Untertitel verspricht ein *astronomisches Handbuch für das schöne Geschlecht*.[3] Von 1686 bis 1794 sind immerhin mehr als hundert Jahre Astronomiegeschichte verflossen und zwischen Fontenelle und dem deutschen Übersetzer liegen etwa die Erkenntnisse Newtons, Eulers, Lamberts und ebenso Kants und Laplaces.

Trotzdem: Es geht hier für einmal nur vordergründig um die populäre Vermittlung astronomischer Kenntnisse. Die galanten Frauenzimmergespräche enthalten, liest man sie gegen die üblichen wissenschafts*historischen* Lektüreansätze, zwei zentrale Momente der Kritik. Einerseits geht es – aus männlicher Perspektive – gegen das eingeschliffene Vorurteil weiblicher Vernunftdefizienz und zweitens, *viceversa*, um eine unverhohlene und dennoch mit Eros & Lachen verschwisterte Kritik an einer langweilig gewordenen Schulphilosopie. Schon im ausgehenden siebzehnten Jahrhundert mokiert sich Fontenelle, allerdings hinter einer Damenmaske, über jenen langweiligen Durchschnittsgelehrten, den später auch der Philosophiemagister Immanuel Kant, in erstaunlichem Einklang mit der spott-lustigen Damenperspektive, als „Vernunftpedanten" und „gelehrten Grillenfänger" etikettiert.

Pedantenschelte

Wie sieht diese galante Pedantenschelte in deutscher Übersetzung aus? Im Vorwort, einem fiktiven Brief an einen Freund, läßt Fontenelle, Autor der ebenso fiktiven Diskursphilosophie zwischen einer „Ich"-Person und einer Dame, seinen gelehrten Helden eine Art Ferienrapport vortragen: „Sie verlangen eine umständliche Erzählung, wie ich meine Zeit auf dem Lande, bey der Frau Marquise von G*** zugebracht". Nun, er habe, anstatt sich bei Spiel und Jagden zu langweilen, „die Frau Marquise in die Parthey der Philosophen gezogen". Die Philosophie hätte „keine wichtigere Eroberung" machen können. Das Argument: Würde die Weisheit eine der Marquise ähnelnde Gestalt annehmen, so würde „jedermann hinter der Weisheit herrennen". Weisheit, Philosophie insgesamt, würden also populär, und zwar über die Variante Damenphilosophie.

Abbildung (2)
Eine Gesellschaft beim Philosophieren unterm Sternenhimmel.
Kupferstich von Christian Gottlieb Geyser, 1740–1803.

Aber es geht natürlich um mehr als nur äußerliche Attraktion. Zwar werden die sechs astronomisch-philosophischen Abendgespräche in einer äußerst erotisierten Atmosphäre geführt, nämlich im Park der Gastgeberin und zudem unter jenem „bestirnten Himmel", der die Philosophen schon vor Kant zum Denken animiert hat. Man führt ein Gespräch und läßt sich gleichsam verführen; zur Philosophie, zu neuen Weltsichten, zur Cartesischen Wirbeltheorie und gelegentlich von den blonden und brünetten Schönheiten, die stellvertretend Tag und Nacht symbolisieren. Doch trotz der amourösen Konstellation soll der Dame schließlich das kopernikanische Weltensystem nähergebracht werden. Die heliozentrische „Mehrheit der Welten" hat längst das ptolemäische Ein-Welt-Denken abgelöst. Gespräche über *mögliche* Welten symbolisieren damit auch eine leise Kritik an der Eindeutigkeit bisheriger Weltinterpretation, am Dogmatismus philosophischer Lehrmeinungen, die ihr äußeres Gewand dann jeweils doch wieder an die aktuelle Denkmode anpassen.

Übungen im wissenschaftlichen Ballastabwerfen

Freilich: Scharfsinn, Beredsamkeit und der „schnellfassende Geist" des weiblichen Gegenübers zwingen den Gelehrten zunächst zum wissenschaftlichen Ballastabwerfen. Man könnte dieses Ballastabwerfen aus heutiger Perspektive durchaus mit dem Anliegen der Dekonstruktion verbinden. Es geht nicht um eine philosophische Kritik, die ein System durch ein anderes ersetzen will, sondern vielmehr um den behutsamen und bescheidenen Versuch, versteinertes Wissen lagenweise vom einstmals lebendigen Gedanken abzuschälen, dogmatische Wissensgesten zu dekonstruieren, den Puls des Denkens zu rekonstruieren. In diesem Ansatz ähneln sich die Damenphilosophie der Aufklärung und die philosophische Dekonstruktion der Spätmoderne. Different allerdings sind die Methoden. Damenphilosphie kann kaum als explizite Metaphysik*kritik* verstanden werden, weil sie kaum je zu den klassischen Denksystemen zugelassen war, nie genuine Metaphysik betrieben hatte. Die damenphilosphische Dekonstruktion tritt von außen und denkerisch ungebändigt an die Verschraubungen und Verfestigungen der Schulphilosophie heran und macht zunächst nur eines: Lockerungsübungen, Übersetzungs- und Verständnishilfen. Ich möchte hier nur am Rande auf die eminent wichtige Rolle der Frauen als eigentliche Transformationsexpertinnen von Systemdenken in Alltagsrealität hinweisen.[4] Zwei differente Sprach- und Denksysteme treffen aufeinander. Zunächst geht es nur darum, den gemeinsamen Diskurs zu ermöglichen; Verständigungsübungen zu machen. Ebensowenig erstaunt es, daß sich Damenphilosphie in einem eminent konkreten Sinne als Übersetzungsphilosophie niederschlägt. Übersetzen heißt letztlich: zugänglich machen, und jene – auch heute noch unbekannte – Giuseppa Eleonora Barbapiccola, die 1722 Descartes' *Principia philosophiae* wissenschaftlich vorbildlich erstmals ins Italienische übersetzt hatte, leistete beispielsweise eine für die Verbreitung des Cartesischen Systems nicht zu überschätzende Vermittlungs- und Pionierarbeit. Doch auch das wird später ausgeführt.[5] Kurz: Sensibilität und Mut für neue Thesen und Denkansätze verbunden mit konkreter, genauer und aufwendiger Übersetzungsarbeit, so etwa präsentiert sich die Damenphilosophie in ihrem Alltagsgewand.

Aber zurück zu Fontenelle, dem ich hier die Ehre gebe, als erster Dekonstrukteur damenphilosophischen Formats aufzutreten. Fontenelle führt zudem, innovativ und furchtlos, einen neuen, *schlankeren* Begriff von Gelehrsamkeit ein. Er hält die Dame für gelehrt, weil sie es durch ihre außerordentlichen Anlagen bald werden wird. „Was fehlt ihr noch? Bücher zu durchgaffen? Das ist nichts! Denn es haben Viele so ihr Leben versagt, denen ich den Namen Gelehrte gern abspräche, wenn ich dürfte."

Was bleibt noch von einer Wissenschaft, wenn sie auf Büchergelehrsamkeit verzichtet? Vielleicht erinnert sie sich wieder an ihre Anfänge; festverankertes Wissen kippt in experimentelles Denken zurück. Zudem: Da Denken niemals ein risikofreies Unternehmen ist, kann man genausogut ein Denken ohne die üblichen Halteseile und Hilfsgerüste der Philosophiehistorie versuchen. So betreibt denn die Damenphilosophie den Rückgang zu den Anfängen des Denkens mit dem methodischen Charme des Zufalls und einer sorglosen Experimentierlust. Genuine weibliche Renitenz gegen gesichertes Bücherwissen bahnt sich ihren Weg über denkerische Luftschlösser und mündet in zuweilen produktiven Utopien. Die Utopie, klassischer Nirgend-Ort männlicher Theorie,

Abbildung (3)
Der galante Gelehrte erklärt der
Marquise de G *** das Kopernikanische Planetensystem.
Kupferstich aus Fontenelles *Oeuvres diverses*.

ist das tägliche Brot der Damen und der Zu-Fall erinnert ganz freundlich daran, daß dem Menschen inmitten der Unplanbarkeit des Seins letzlich doch das Not-Wendige zufällt. Und verbunden mit der Schwerelosigkeit experimenteller Damenphilosophie stellt sich vielleicht doch eine Brücke zum furchtlos pröbelnden Denken her.

Auch Fontenelle versucht diesen Rückgang. Und durchaus mit pädagogischem Erfolg. Am ersten Abend erklärt er seiner interessierten Schülerin, die ganze Philosophie gründe sich „bloss auf zwey Dinge“: nämlich auf einen neugierigen Geist und auf schlechte Augen. Wahre Philosophen brächten ihr Leben damit zu, daß sie nicht glauben, was sie sehen und dasjenige erraten wollen, was sie nicht sehen. Insgesamt sei das keine „beneidenswerte Beschäftigung“. Philosophiegeschichte könne man deshalb geradesogut als Oper inszenieren.

Philosophie in der Oper

Man denke sich einmal „alle Weisen, die Pythagorasse, Platone, Aristotelesse, und all die Männer, deren Namen heutigen Tages in unsern Ohren so viel Geräusch machen, in einem Opernsaale“ versammelt! Bühnenbild und die dem Publikum gewöhnlich verborgene Opernmaschinerie versinnbildlichen beispielhaft das Verhältnis von Natur und Naturinterpretation. Denn wer nur die Natur sieht, wie sie ist, würde nichts mehr als „das Hintertheil eines Operntheaters“ sehen. Die Dame findet Geschmack an der *Opernphilosophie*. Es wäre allerdings etwas voreilig interpretiert, die ‚Opernphilosphie' etwa nur als Annäherung des Denkens an die *portée des Dames* zu verstehen. Daß die Philosophie in die Oper geht, ist für das späte siebzehnte und vor allem für das galante achtzehnte Jahrhundert kaum erstaunlich. Die Opernbegeisterung ist sozusagen geschlechtsneutral und Fontenelles Idee, die Philosophen in die Oper zu schicken, entspricht nur einer geschickten Besetzung eines auch im späten siebzehnten Jahrhundert ziemlich populären Mediums. Schon Ninon de Lenclos, oszillierende Mischung zwischen geistreicher Kurtisane und Salonphilosophin, hatte in ihren vielbeachteten Briefen die „Opernmoral“ als etwas leichtfüßige, aber letztlich doch bekömmliche, da unterhaltsame Variante ethischer Reflexion empfohlen.[6] Und noch

1774 wird Friedrich Melchior Grimm, Aufklärungsvermittler zwischen Frankreich und den fortschrittlichen deutschen Höfen, in seiner *Correspondance Littéraire* berichten, daß in Paris sogar die „Reflexion über Moral mit der Melodie einer Arie“ beantwortet werde.[7] Doch trotz Opernenthusiasmus, Inszenierung und verkleideter Philosophie bleibt bei Fontenelle eine präzise Kritik am mechanistischen Lehrgebäude gerade der Cartesischen Philosophie und Wirbeltheorie nicht aus. Ob denn nicht gerade Descartes die Natur besonders mechanisch gesehen habe? fragt die Dame mit einer kaum verdeckten Spitze gegen den Mechaniker-Philosophen Descartes. Fontenelle in der Rolle des lernenden Lehrers bestätigt: „So mechanisch“, daß man sich ihrer bald werde „schämen“ müssen.

Geschmack findet die Marquise vor allem am astronomischen Steckenpferd ihres Gesprächspartners, das darin besteht, mit Phantasie und Einbildungskraft Himmelsgestirne mit Lebewesen zu bevölkern. Natürlich sei das ganze nur ein *Denk-Spiel* ohne Wahrheitsanspruch, aber eben deswegen nicht weniger vergnüglich. Als Wahrheitskriterium könne ja auch gelten, daß ein Gedanke den „Geist lachen“ macht. Und überhaupt sei die Sternenwissenschaft aus einer glücklichen Verbindung von Muße und Vergnügen entstanden. Die Marquise ist restlos überzeugt: „Lehren Sie mich Ihre Sterne!“

Der Gelehrte und die Dame bevölkern von nun an die Sterne. Im spielerischen Erfinden möglicher Welten sind sie beide Laien; Wissensdifferenzen egalisieren sich. Schnell noch wird der ptolemäische Irrtum eines geozentrischen Weltensystems korrigiert; Erde, Mond, Planeten an ihre physikalisch konvenierenden Orte versetzt. Alles „läuft anjetzt um die Sonne“. Solange nur Mond und Sterne erhalten bleiben, ist der Marquise die Rangordnung im Weltall einerlei. Und dieser „Teutsche“ Kopernikus habe sie mit der Belehrung, daß die Erde um die Sonne laufe, durchaus nicht gedemütigt. Sie dünke sich nicht „kleiner als sonst“. Hingegen könne sie sich vorstellen, daß den Philosophen, daran gewohnt, ihre Gedankensysteme als Mittelpunkt der Welt zu verstehen, das neue System sauer aufstoße. Kritik am Geozentrismus bedeutet für Fontenelle hier gleichsam Kritik am Anthropozentrismus, an der Systemphilosophie, generell an menschlicher Überheblichkeit.

Abbildung (4)
Die Philosophin in der Oper oder: Moreau le Jeune: *Les adieux*.
Kupferstich von Delaunay. Aus dem *Monument du costume physique et moral de la fin du dixhuitième siècle* von 1789.

Die Marquise aber fühlt sich genügend mutig, „das Umdrehen der Erde mitzuwagen“ und verzichtet am Ende des ersten Abends auf die indischen Elephanten, die ihr Fontenelle vorsichtshalber zur Stützung der noch unsicheren kopernikanischen Welt anbietet. Interessant sind die Argumente, die schließlich für Kopernikus plädieren: Einträchtig entscheiden sich Philosoph und Frauenzimmer für das heliozentrische System, weil es, im Vergleich mit andern Systemen, vorurteilsfreier, weniger künstlich, kühner und schließlich: vergnüglicher ist.

Philosophie des „Warum nicht?“

Am nächsten Abend wird der Mond bevölkert, und zwar mit der Methode des Analogieschlusses und einer neuen Variante des Platonischen Höhlengleichnisses. Vorausgesetzt, ein Einwohner von Paris sei nie aus seiner Vaterstadt hinausgekommen und hätte auch keine anderen Kommunikationsmöglichkeiten, so würde er von weitem die Stadt St. Denis zunächst als unbewohnt annehmen. Paris und St.Denis, das sind Erde und Mond. Weshalb sollte nun gerade der Mond *nicht* bevölkert sein, da ja auch St.Denis erfahrungsgemäß bevölkert ist?

Hier läßt Fontenelle seine Gesprächspartnerin die Philosophie des „Warum nicht?“ entwickeln. Diese Methode, Damenphilosophie und Experimentalphilosophie zugleich, fragt nicht klassisch nach dem „Warum“ der Faktizität eines Dinges oder Ereignisses, sondern spielerisch nach dem Reiz des Möglichen. Das Mögliche ist dasjenige, das seine Selbstevidenz im Lächeln des Gedankens erweist und Realitätsgrenzen mit erneutem Staunen und fragendem „Warum nicht?“ belegt. Die Cartesische Wirbeltheorie wird zum Antrieb; man dreht die Wirklichkeit um ihre Achse, Realitäten „fliegen“ aus ihren Schranken.

Das Fontenellesche *Warum nicht* entwickelt in der Tat eine allbevölkernde und gleichzeitig erkenntnisrelativierende Kraft. Die Frauenzimmer-Experimentalphilosophie wird gleichsam zum divinischen Kreationsakt und die erkenntnistheoretische Einsicht, daß Gleiches aus verschiedener Perspektive different sein kann, lautet nun: Laßt uns die Ferngläser wechseln! Als ob es um die Farbwahl einer Abendtoilette ginge, imaginiert sich Madame la Marquise de G***, aus der Perspektive der supponierten Mondbewohner, den Himmel rot und die Sterne grün. Aus thermischen Gründen müssen die Mondbewohner zwar auf die Schönheit von Regenbogen und Morgenröte verzichten, aber, so das equilibristische Argument der Dame: Die Mondbewohnerinnen müssen sich auch nicht vor Donner und Blitz fürchten.

Hofnärrin der Philosophie

Nun wird alles möglich. Man bedenkt kurz – hundert Jahre vor Kants *Kritik der reinen Vernunft* –, daß die Wissenschaften gewisse Grenzen haben, die der menschliche Verstand nie habe überschreiten können, aber trotzdem: Weshalb nicht die Venus, den Mars, Merkur bevölkern? Auf der Venus, dem „Stern der Schäferstunden", müsse das Klima der Liebe sehr hold sein. Die Venusbewohner sind auf Vorschlag der Marquise „voll Geist und Feuer, immer verliebt, Verse machend, Freunde der Tonkunst, täglich Feste, Tänz' und Turniere erfindend". Merkur hingegen, wegen seiner Sonnennähe, gilt als „Narrenspital" des Weltalls. Und wie die Marquise mitleidsvoll vorschlägt, den Merkurbewohnern doch einfach starke Regengüsse zu geben, antwortet der galante Gelehrte: „Das läßt sich machen!" Nur bei der Sonne versagt das *Warum nicht*. Die klimatischen Bedingungen sind zu extrem, die Sonne könnte nur ein unbequemer Aufenthaltsort für hitzebeständige Blinde sein.

Bei der Bevölkerung der Jupitermonde werden definitiv die Ferngläser, Rollen, gar Geschlechter getauscht. Die Marquise wird zur Philosophin und lehrt ihren Lehrer die Quintessenz skeptischer Aufklärung: Auch die extraterrestrischen Lebewesen müssen, wie alle Menschen, Furcht vor der Finsternis haben. Und auch sie sollen dem „allgemeinen Gesetz unterworfen" sein, wonach die Befreiung von einem Irrtum nur für den nächsten frei mache.

Unnötige Rehabilitationen

Verächtlich hat man Fontenelles dialogischer Weltenlehre gelegentlich das Etikett profan-langweiliger „Frauenzimmerphilosophie" angehängt.

Ohne zu neuen, etwa feministischen Verteidigungsargumenten greifen zu müssen, erweisen sich hier Rehabilitationen als unnötig. Fontenelle hat in einem unterhaltenden und angenehm belehrenden Sinn Philosophie über die – trotz Galanterie und Denkverführungen – positiv besetzte Damenphilosophie populär zu machen verstanden. Unzählige intellektuelle Lebensläufe sind von Fontenelle geprägt und es ist beileibe nicht nur Giacomo Casanova, der einer Clementina aus den *Entretiens* vorgelesen haben soll.

Kant, der sich durchaus von den *Entretiens* animieren ließ, diskreditiert sie letzlich dennoch als Beispiel „affektierter Popularität". Doch ob wahr oder affektiert: Die Popularität Fontenelles transportiert freundliche und damit wirkungsvolle Kritik gegen das Vorurteil weiblicher Vernunftdefizienz. 1726 meint Gottsched im Vorwort seiner Fontenelle-Übersetzung, ein kluges Frauenzimmer solle „nicht lauter Kochbücher lesen, oder unaufhörlich auf neue Moden und Täntze sinnen. Es wird allzeit noch etliche Stunden übrig haben, zum wenigsten auch die Philosophie des Herrn Fontenelle, eines recht galant gelehrten Mannes zu studiren".

Das Urteil der Affektiertheit war übrigens nicht das letzte Wort Kants zum Kapitel Damenphilosophie und weibliche Gelehrsamkeit. Im Nachlaß findet sich die nüchterne Bemerkung: „Für einen Gelehrten ist eine gelehrte Frau ein schlechtes Stück, weil es der letzteren bisweilen einfällt, mit dem Ersteren zu rivalisieren."[8]

* * *

Doch ich greife vor. Kant wird sich noch öfters zum Problem Damenphilosophie äußern dürfen. Vorerst aber zurück zu den Anfängen: Auch Fontenelle ließ sich inspirieren. Er ist durchaus nicht der erste, der auf das Phänomen astronomisch interessierter Damen aufmerksam geworden ist. 1680 erscheint der Halleysche Komet. Seine Präsenz zieht Bahnen nicht nur bei den naturwissenschaftlich interessierten Herren. Schon 1681 läßt ein Abbé de Gérard die Damen erstmals zu astronomischen Studien auf die Dächer steigen. Über die Folgen dieser Dachbesteigungen wird berichtet in Kapitel zwei.

Zweites Kapitel

in welchem Fontenelles Quellen und Folgen für die Damenphilosophie bei einem Abbé de Gérard und einem Professor Christian Thomasius studiert werden.

Abbé de Gérard oder: Die Damen sollen sich gefälligst der Philosophie widmen!

Aber Fontenelle, so publikumswirksam und luzide seine Sternenphilosophie für Damen auch war, ist weder der erste noch der letzte, der die Damen zwecks astronomischer Belehrung auf die Dächer schickte. Schon 1681 nämlich erschien in Paris ein zunächst recht unscheinbares Buch des Titels *La Philosophie des Gens du Cour* eines Abbé de Gérard. Das Bändchen enthält sieben Gespräche zwischen zwei Freunden namens Philémon und Théandre. Uns interessiert zunächst nur das dritte dieser Gespräche. Es trägt nämlich den Titel: *Que les dames doivent s'appliquer à l'Etude de la Philosophie*, womit in der Philosophiehistorie möglicherweise das erste Mal aus kompetentem Männermund statuiert wird, daß sich die Damen unbedingt der Philosophie widmen sollten. Doch die affirmative Tendenz des Titels ist bei genauerer Lektüre des rapportierten Gesprächs durchaus noch nicht gesichert.[1] Théandre, ein durch und durch prototypischer Vertreter der damenphilosophie-skeptischen Gelehrtenwelt, assoziiert nur Unheil bei der Vorstellung philosophierender Frauenzimmer. Es gäbe nichts Gefährlicheres „in einer Familie, als eine gelehrte & philosophierende Frau". Er rede aus eigener Erfahrung, denn er sei selbst längere Zeit amourös mit einer Frau liiert gewesen, die dermaßen in ihre Philosophie „verkopft" gewesen sei, daß sie von nichts anderem mehr geredet hätte.

Théandre: Gegen die „Verkopfung" der Damen

„Elle étoit tellement entestée de sa philosophie"![2] Sie war dermaßen in ihre Philosophie verkopft! Das gilt in der Tat als eterneller Schlachtruf gegen die Damenphilosophie. Man will keine „verkopfte", spintisierende, Reflexionen und Spekulationen anstellende Frauen. Anmut und Leichtigkeit sind die Seinsmomente, zu deren Bewahrung weibliche Existenz aufgerufen ist. Solange Gelehrsamkeit gleichbedeutend mit Pedanterei, weltferner Kabinetts- und Kopfwissenschaft gehandelt wird, ist die Bewahrung der Damenwelt vor einer derart uncharmanten Wissenschaft gewiß ein versteckter Befreiungsakt. Bis hier hin kann man in Théandres damenphilosophischen Vorbehalten durchaus noch den Strang der Pedantenschelte nachzeichnen.

Doch Théandre geht in der Beschreibung der Skurrilitäten seiner philosophierenden Freundin noch weiter. Sie habe sich plötzlich die abstruse Idee in den Kopf gesetzt, daß der Mond bewohnt sei und, weitaus schlimmer, „daß es die Erde ist, die sich dreht & nicht die Sonne". Hier wird es ideengeschichtlich wahrlich brisant. Eine solchermaßen gestaltete Damenphilosophie stürzt bisherige Denkgebäude, eben die ptolemäischen, aus ihren Angeln und doch scheint es kaum zufällig, daß gerade wissenschaftshistorische Wendepunkte von Frauen aufgenommen werden. Das weibliche Geschlecht profiliert sich, im Ausgang des siebzehnten Jahrhunderts, als das experimentierfreudigere, denkbeweglichere. Und vielleicht ist es nichts anderes als die weibliche Methode des ‚*Warum nicht?*', die die sattsam bekannten Warnungen vor der Gefährdung männlicher Systeme durch die ‚Weiberphilosophie' evoziert.

Die Philosophin auf dem Dach & der Mann im Mond

Wer gibt schon gerne zu, daß er Angst vor dem Neuland des Denkens hat. Kaum jedenfalls die Figur des Théandre im *Discours* des Abbé de Gérard. Neben dem Ruin bewährter Denksysteme droht auch der finanzielle Ruin eines Mannes mit philosophierender Damenbekanntschaft. Hätte sich seine Liebste wenigstens nur spekulativ mit neuen Systemen beschäftigt, er würde sich wieder beruhigen; Denken kostet ja nichts. Aber nein: „Sie machte mir tausend Ausgaben, um Linsen und Fernrohre zu kaufen". Und zudem: Nach dem Ankauf dieser teuren astronomischen Geräte habe seine Herzensdame begonnen, die Nächte auf dem Dach des Hauses beim Betrachten des Mondes zu verbringen. Deutlich echauffiert läßt der Abbé de Gérard seinen besorgten Théandre klagen: „& nun verbrachte sie die Nächte auf dem Dach des Hauses: Sie untersuchte den Mond, um zu sehen, ob sich nicht doch Menschen darauf befänden." In der Tat: Wenn die Frauen auf die Dächer steigen, Damenastronomie betreiben und womöglich nach dem Mann im Mond Ausschau halten, ist die Eifersucht des Mannes im Ehebett hinieden angezeigt.

Enfermez-la dans une religion!

Hier drängt sich eine kleine Betrachtung über den natürlichen Ort der Damen in der Dunkelheit der Nacht auf. Die damenphilosophische Suche nach dem Mann im Mond ist gewiß ein direktes Konkurrenzunternehmen zum Ehebett als allgemein verbreitetem Aufenthaltsort weiblicher Menschen während der Nacht. Die astronomische Begeisterung der Damen, gelegentlich als Suche nach dem „Mann im Mond" belächelt, entwirft zudem eine extraterrestrische Variante des Märchenprinzen. Trotz der ontologischen Abstrusität eines männlichen Konkurrenten auf dem Mond: Wenn die Damen auf die Dächer steigen und die Gestirne nach Kavalieren absuchen, scheint der Kitt weltlicher Eheverträge dahin zu sein.

Kurz: Die Argumentation Théandres weist trotz versuchter *Contenance* auf eine dreifache Gefahr der Damenphilosophie hin. Sauer etablierte Denksysteme, heilige Familienvermögen und nun auch noch die Ehe, bewährteste Form aller Geschlechterrelationen, geraten bedenklich ins Wanken.

Schließlich legt Théandre seiner Gemahlin das astronomische Handwerk. Nachdem sie auch noch unermeßliche Summen für den Stein des Weisen ausgegeben hat, wird dieser „Unordnung" ein Ende gesetzt, „indem ich sie in eine Religion einschließen ließ". [3] Selten dürfte der Denkverbotsgehalt religiöser Systeme derart deutlich formuliert worden sein. Die Dogmatik eines festgemauerten Religionsgebäudes als Damenphilosophieersatz; Religion als Gefängnis des Denkens gegen Spekulation, Experimentalphilosophie und weibliche Neugierde.

Sicherlich ist Théandre, exemplarischer Gegner weiblicher Gelehrsamkeit, bei Abbé de Gérard überzeichnet. Die Absicht seiner Argumente ist allerdings eine pädagogische, die Übertreibung somit aufklärerisches Medium. *Que les dames doivent s'appliquer à la philosophie* – die Botschaft des Titels soll vermittelt werden. Philémon, zweite Bilderbuchfigur im öffentlich inszenierten Lehr-Diskurs, singt das Damenphilosophielob:

Philémon: Männer sind Miesmacher

Scheinwahrheiten, Vorurteile, nicht aber seriöse Gründe habe Théandre gegen die philosophierenden Damen vorgebracht. Seine Methode bestehe darin, schiefe Analogien zu machen, als ob *esprit* und *estomac* austauschbar seien. Wer den Verstand von Frauen mit einem Magen vergleicht, der wahllos die besten Gerichte mit den schlechtesten vermische; wer überhaupt Denken in Analogie zum Verdauungssystem setzt, kann nicht ernsthaft über die Vorteile weiblichen Philosophierens disputieren. Im übrigen habe der bisherige Weltenlauf gezeigt, daß Menschheitskatastrophen – wenn schon – durch Spekulationen von Männern befördert worden seien. Abbé de Gérard spitzt die männerskeptische These Philémons noch zu: „überhaupt sind es die Männer, die launenhafte Geistesblitze haben: sie sind es, und nicht die Frauen, die die besten Dinge vermiesen".[4]

Kurz: Männer sind die Miesmacher der Geschichte. Es versteht sich, daß sich derartige Polemiken auch aus der zivilisierten Distanz des weniger galanten zwanzigsten Jahrhunderts mit Amüsement und nicht ohne innere (weibliche) Anteilnahme lesen. Doch welche Philosophie empfiehlt Abbé de Gérard den Damen? In der Tat kennt auch sein Philémon damenphilosophische Verirrungen; die Suche nach dem Mann im Mond ist eine solche. Doch der Mißbrauch einiger weniger Damen spricht nicht grundsätzlich gegen die Damenphilosophie. Man werde ebensowenig einem Kranken den Arzt wie einer Frau die Philosophie verbieten können. Im übrigen traktiere bekanntlich die Mehrheit der männlichen Philosophen „Hunderte absolut überflüssiger Dinge".[5] Hier bricht sich die Geschlechterlogik der Damenphilosophie. Philosophie ist Medizin gegen die Verirrungen des Verstandes, bei Männern wie bei Frauen.

‚Wahre' Philosophie ist Damenphilosophie: Abbé de Gérard im Diskurs mit Christian Thomasius

Dennoch: Abbé de Gérard entwirft 1681 ein besonderes Lernprogramm für Damen. Die „Maximen einer soliden Moral" sind Kernpunkt seiner Damenphilosophie. Einmal mehr den Männern die Vernunft, den Frauen die Moral? Nicht ganz. Unverschultheit, Absenz von eingetrichterten Vorurteilen und gelehrter Ignoranz prädestinieren die Frauen zur „wahren" Philosophie.

Hier drängt sich ein kurzer Abstecher ins deutsche Leipzig des Jahres 1687 auf. Dort erläutert der Philosophieprofessor Christian Thomasius der studierenden Jugend eben die Frage: „Welcher Gestalt man denen Frantzosen in gemeinem Leben und Wandel nachahmen solle?"[6] Uns interessiert im Moment weder die schillernde Person Thomasius' noch der Umstand, daß es sich beim genannten *Discours* um die erste deutsche Vorlesung handelt. Thomasius, Denkattentäter im besten Sinne, provoziert seine Zeitgenossen mit dem Vorschlag, Frauen zum Studium und generell zur Philosophie zuzulassen. In seinen kräftigen Argumenten erkennen wir unschwer den etwas modesteren Abbé de Gérard. Man werde es ihm, Thomasius, vielleicht für eine „Extravaganz" deuten, daß er Frauenzimmer und Mannspersonen in „eine Klasse setze". In deutschen Landen werde es schon für ein Wunder geachtet, wenn eine Dame nur ein Tröpfchen Gelehrsamkeit besitze.

Darauf folgt ein Plädoyer für eine kritisch-dekonstruktive Damenphilosophie, vorgetragen mit französischem Charme und deutscher Polemik. Thomasius hat „gute Gründe", eine scharfe Zunge, Geist, Witz und auch noch Mut für Neues, was in der schläfrigen deutschen Philosophiegeschichte eine durchaus seltene Mischung darstellt. Da müssen sich also zu Beginn des Wintersemesters 1687/88 Studierende ausschließlich männlichen Geschlechts anhören,

„daß es viel leichter sey und mehr Succes zu hoffen/ein Frauenzimmer von einem guten Verstande/welche kein Lateinisch versteht/auch nichts oder wenig von der Gelehrsamkeit weiß/als eine auch mit guten Verstande begabte Mannsperson/die aber darneben von Jugend auff sich mit dem Latein geplackt" hat zu unterrichten, und zwar weil bei den Männern Vorurteile und vorgefaßte Meinungen, viel „ungegründet und ohnnötig zeug" so „feste klebet/und merkliche Verhinderungen bringet, daß das tüchtige und gescheide nicht hafften will."[7]

Thomasius im Kampf gegen die Grillen der Schulfüchse

Kurz: Gelehrte Männer haben im allgemeinen ein epochales Brett vor dem Kopf und Damenphilosophie ist ein durchaus angemessenes und luzides Mittel gegen die „ohnnötigen Grillen derer Schulfüchse". Thomasius und de Gérard, zwei Experten in Sachen Damenphilosophie, wetteifern um die besseren, unpedantischeren und überzeugenderen Argumente. Thomasius zwinkert dem Abbé de Gérard zu. Dieser sei durchaus „keine Katze", auch wenn er im dritten Gespräch seiner *Philosophie des Gens de Cour* etwas „tieffsinnig" für die Damen einträte. Gegen den „wunderlichen" Einwand, Gottes Ebenbild auf Erden sei männlichen Geschlechts, argumentiere de Gérard noch wunderlicher. Gott habe sich durch die Menschwerdung erniedrigen wollen. Daß er in die Haut eines männlichen Menschen geschlüpft sei, zeige nur, daß „die Mannspersonen unter allen vernünfftigen Creaturen die allerverachtesten und niedrigsten wären." Vielleicht geht die Männer-Dekonstruktion aus Paris hier sogar dem Leipziger Frauen-Anwalt zu weit. Wie auch immer: 1687 tritt Thomasius damit auch erstmals als deutscher Übersetzer der damenphilosophischen Pro-Argumente des Abbé de Gérard auf. Zwischen 1681, dem Erscheinen der *Philosophie des Gens du Cour*, und Thomasius' Interpretation von 1687 liegen knappe sechs Jahre. Innert kurzer Frist hat die *Philosophie des Dames* die sonst schwer passierbare Grenze zwischen galanter Salonphilosophie und gründlichem deutschem Denken überschritten.

Doch Thomasius eröffnet nicht einfach nur eine deutsche Variante französisch-galanter Damenphilosophie. Die Kritik etwa am „angeklebeten" Wissen der Lateinschüler und anderer universitärer Zöglinge stellt nichts weniger als einen fulminanten Ansturm gegen die Verstellungen des Denkens, gegen immer schon vorbesetzte Antworten, gegen jene Denkgehäuse dar, die längst zu Gefängnissen der fragenden Vernunft geworden sind. Innerhalb dieses Systems gibt es keine große Chance auf einen gelingenden Neuanfang. Damenphilosophie bei Thomasius ist damit ebenso dechiffrierbar als der unbedingte Wille zum denkerischen Neuansetzen ohne das belastende Gewicht eintrainierter Antworten. Hier geht es meines Erachtens kaum um emanzipatorische Entwicklungshilfe für vernunftdefiziente Damen; die vermeintlich emanzipatorische Logik dreht sich in ihr Gegenteil. Befreit werden soll die durch ihre eigene Vernunftgeschichte schwer belastete (männliche) Wissenschaft; Thomasius' Attacken gegen die „ohnnötigen Grillen derer Schulfüchse" sind keine leere Rhetorik.[8] Und das Interesse an der Damenphilosophie entspricht nicht einfach nur jener generös-galanten Geste, mit der nun auch den Frauenzimmern noch ein Eintrittsbillet ins wohlgeordnete Reich der Metaphysik offeriert wird. Die Damen sind im Abseits der Schulmetaphysik. Das ist ihre Schwäche und Stärke zugleich. Damenphilosophie wird zur bescheidenen Hoffnungsträgerin gegen die „Gestelle" der Metaphysik. Mit ihr kann der Versuch unternommen werden, die pedantische Linearität klassischer Denkgehäuse von außen aus ihrer Selbstparalysierung herauszubrechen.

Man mag einwenden, daß Thomasius damit überinterpretiert wird. Mag sein. Doch es wird erst Theodor Gottlieb von Hippel sein, der 1793 mit seinem Pamphlet *Über die bürgerliche Verbesserung der Weiber* nach bürgerlichen Rechten und damit nach ‚Emanzipation' für Frauen, nach Bildung und gleicher Partizipation am Denkgeschäft ruft.[9] Bei Thomasius sind es letztlich die Männer, die vom Ballast verschulter Lehrinhalte befreit werden müssen. Die Rede vom enormen systeminternen Aufwand beim „Ausmisten der Praejudicia", der Vergleich von Männerköpfen mit kaum noch zu reinigenden alten Schreibtafeln,[10] zeigen deutlich, daß Thomasius eine allfällige Erneuerung der Wissenschaften nur von außen, etwa über das metaphysische Abseits akademisch unbedarfter Frauen, für möglich hält. Zudem: Die Zurückhaltung der Frauen beim Erbauen von Systemen mit den Dauerbrennern männlicher Metaphysik, seien es die „göttliche Dinge", die „absolute Wahrheit", oder die „Unsterblichkeit der Seele", wird Thomasius' Hoffnung auf eine modeste Damenphilosophie genährt haben. Wo männliche Philosophen in ihrem denkerischen Geschäft die Schwergewichte der Metaphysik traktieren, üben sich die Damen in Zurückhaltung, was die Sagbarkeit des Absoluten betrifft. Was taugen denn philosophische Absolutheitsaussagen über „Gott" oder „Existenz", wo doch die Sicherheit der täglichen Suppe mehr zum menschlichen Sein beiträgt, als ein spekulativer Gottesbeweis? Noch bei Christian Wolff sichert der männliche Philosoph sein Ebenbild in Gott, dem *„philosophus absolute summus"* ab.[11] In kräftig-männlicher Selbstsetzung erhebt er den Anspruch, ein kleiner Gott, mindestens aber ein *Gottähnlicher* zu sein. Mitten in all dem Glanz philosophischer Systeme und denkerischer Großanlagen fristet die Damenphilosophie ihr Mauerblümchendasein. Sie nimmt ein menschlich-modestes Maß am Kleid der Wahrheit, ist Närrin und Küchenmagd am Hof der Philosophie. Doch das sind wichtige Funktionen, wenn der König sklerotisch und seine Weisheit verbraucht ist.

Von der Selbstbescheidung der Philosophie

Abbé de Gérard, Fontenelle, Thomasius: Sie alle wissen um die Fruchtbarkeit philosophischer Randexistenz. In ihrem furchtlosen Einsatz für die Damenphilosophie äußert sich – wenn auch verklausuliert – der Wunsch nach Erneuerung und Selbstbescheidung des Denkens. Philosophie selbst soll wieder zur Modestie finden, sich behutsam auf die Konturen möglichen Wissens beschränken – und ebenso: das Sensorium für die metaphysischen Restsummen nicht verlieren.

Was die Notwendigkeit wissenschaftlichen Ballastabwerfens betrifft, sind sich Abbé de Gérard und Thomasius einig. Wo sich der Franzose gegen unnötige „mathematische Suppositionen", „verwirrende Formalismen" und überhaupt gegen bizarre Neuerungen wehrt, die die Philosophie zu einer blamablen Wissenschaft – „fern von ihrer früheren Klarheit" – verkommen ließen,[12] stimmt der Deutsche kräftig zu: Wenn Wissenschaft nur noch aus „Sophistereien" bestehe, um sich in der „klugen Welt zu prostituieren", so sei es in der Tat eine „Schande", als Philosoph oder Gelehrter zu gelten.[13] Beide führen damit den Strang jener Pedantenschelte weiter, die sich spätestens seit 1440, seit Niklaus von Kues' Pamphlet *De docta ignorantia*, durch die Ränder der Wissenschaftsgeschichte zieht.

Aber zwischendurch, in der Mitte des siebzehnten Jahrhunderts, provoziert auch die scharfzüngige Ninon de Lenclos mit ihren Fragen an die hochgelehrten Männer. „Was in aller Welt sollen sie [die Frauen] denn anfangen mit der mathematischen Genauigkeit Eures Verstandes, mit der Zuverlässigkeit Eures Gedächtnisses?“ Trotz akademischer Würde sind die Gelehrten die „bedauernswertesten Geschöpfe“ unter der Sonne. Weibliche Un-Vernunft als vernünftigstes aller Gegenmittel tut not. Ninon empfiehlt den Schalk, das Lächeln, überhaupt die Frauen, denn sie bringen „in diese tödliche Einförmigkeit eine pikante Lustigkeit, einen unendlichen Charme hinein; ihre närrische Lebensfreudigkeit, ihre liebenswürdige Tollheit, ihr entzückender Rausch sind allein imstande, das Bewußtsein eines Glückes in Euch [Männern] zu retten.“[14]

* * *

Angesagt ist somit die Befreiung der Männer aus den Kabinetten der Gelehrsamkeit. Wir sind damit bei Kapitel drei angelangt, in welchem Francesco Algarotti als Gelehrtenbefreier traktiert wird.

Dritttes Kapitel

–

in welchem Herr Algarotti als begeisterter Nachahmer Fontenelles auftritt. Mit einem Zwischenspiel über Madame la Marquise Emilie du Châtelet als ‚wahre' Damenphilosophin & falsche Apostelin.

Philosophie? Auf die Toilettentische der Damen!

1737 erscheint, mit fiktiver Druckortangabe „Napoli", in italienischer Sprache ein Werk mit dem schon damenphilosophisch infizierten Titel *Newton für die Damen, oder Dialoge über das Licht und die Farben.*[1] Verfasser ist der bald populär werdende Francesco Algarotti, Freund schöner Damen und exzentrischer Gelehrter, Bekannter Voltaires, späterer Gast Friedrichs des II., Mitglied der noblen *Royal Society*; selbst ein schreibendes Subjekt und ambitiöser Salongelehrter mit einem Faible für mathematische Wissenschaften, insbesondere für das Newtonsche System. 1736 schon hatte Algarotti in Paris eine enthusiastische Laudatio auf Fontenelle geschrieben. Dieser Brief Algarottis *Al Signor Bernardo di Fontenelle* kann mit Fug als damenphilosophisches Sendschreiben betrachtet werden. Es ist der Darstellung des Newtonschen Systems vorangestellt und widerspiegelt getreulich die Erleichterung des Gelehrten, einmal nicht metaphysische Schwergewichte traktieren zu müssen.

„*Voi foste il primo ne' vostri Mondi a richiamar la selvaggia Filosofia da' solitarj Gabinetti, e dalle Biblioteche de' Dotti per introdurla ne' circoli, e alle Tolette delle Dame.*" Fontenelle ist der Befreier der Philosophie, er ist der erste, der die „wilde Philosophie" aus den isolierten Gelehrtenkabinetten entführt und auf die „Toilettentische" der Damen gebracht habe.[2] Auch hier wird, alimentiert von einer grundsätzlichen Wissenschaftsskepsis, der natürliche Ort der Philosophie neu bestimmt. Philosophie, das Denken

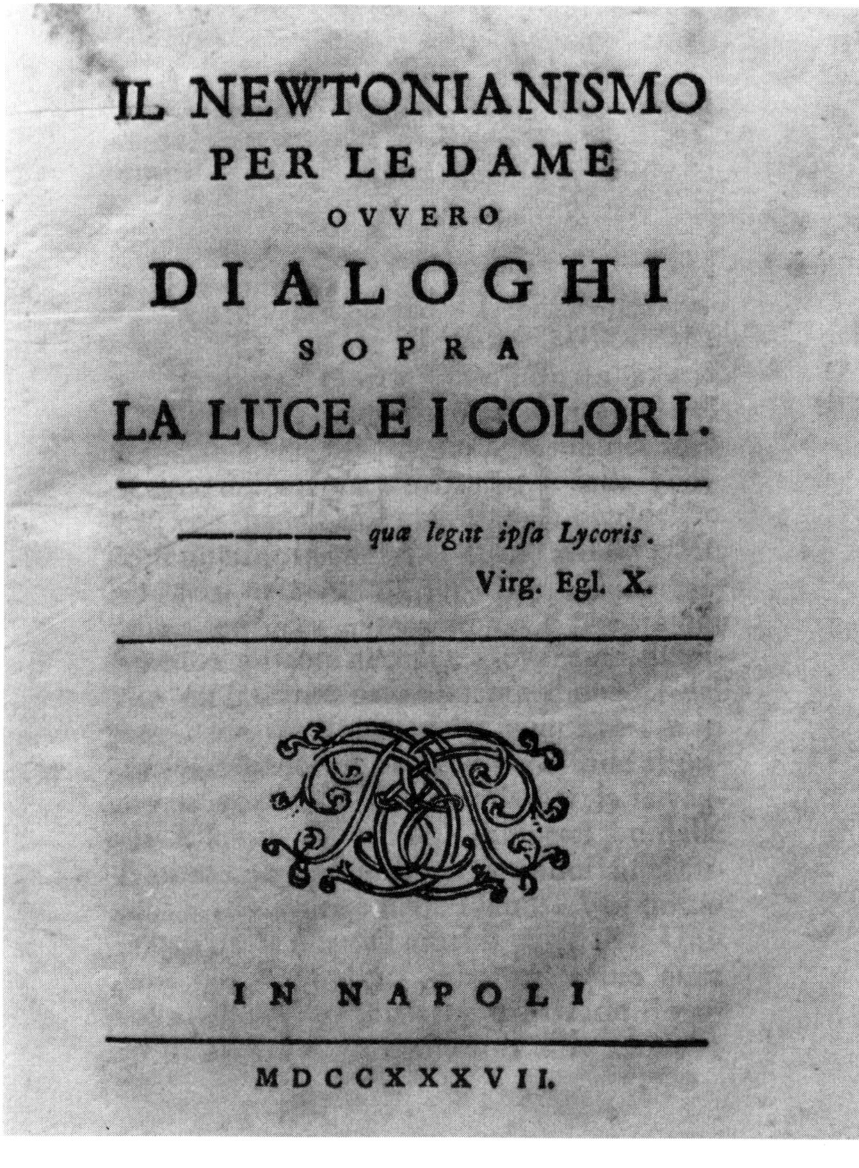

IL NEWTONIANISMO
PER LE DAME
OVVERO
DIALOGHI
SOPRA
LA LUCE E I COLORI.

——————— *quæ legat ipsa Lycoris.*
Virg. Egl. X.

IN NAPOLI

MDCCXXXVII.

Abbildung (5)
Frontispiz von Francesco Algarottis *Newtonianismo per le Dame* von 1737.

schlechthin, ist „wild", undomestizierbar, schwer in geordnete Bahnen, bibliothekarische Systeme und gelehrte Kabinette einsperrbar. Wer die Domestizierung der Philosophie rückgängig machen will, muß ihr zunächst einen neuen, luziden Ort verschaffen. Das permanente Durcheinander auf einem Damentoilettentisch, in einem Boudoir, einem Abendtäschchen: Weshalb sollte sich die Philosophie nicht gerade inmitten dieser bunten und immer leicht chaotischen Welt an ihr oszillierendes Wesen, an den kindischen Übermut des Denkens, an ihr schalkhaft-wissendes Lächeln erinnern? Weshalb sollte sie gerade aus der kühlen Analytik eines bibliothekarischen Thesaurus' ihr eigentliches Privileg, nämlich mit Scharfsinn, Witz und unhintergehbarer Kritik auf das Dahinterliegende, Verborgene, ‚Metaphysische' hinzuweisen, treffsicherer ausführen, als aus dem freundlichen und immer etwas verunsichernden Durcheinander weiblicher Seins-Orte? Und: Ob nicht das unverdeckte Chaos, die permanente Improvisation der ‚Frauenzimmer', ganz gut dem experimentellen und gelegentlich auch ins Fettnäpfchen tretenden Wesen des Denkens entspricht?

Algarotti – und mit ihm Fontenelle, de Gérard, Thomasius – stellen sich diese Fragen nicht explizit. Implizit aber geben sie Antworten. Der Damentoilettentisch *ist* dem Männerkabinett unbedingt vorzuziehen, wenn es um die Wiedergewinnung der Leichtigkeit philosophischen Fragens geht. Zwar wird Immanuel Kant in einer seiner wohlbesuchten Anthropologievorlesungen etwas despektierlich bemerken, daß seine philosophische Menschenkunde „von Jedermann, sogar von Damen bei der Toilette, gelesen werden" kann.[3] Doch die Distanz des Königsberger Philosophenkönigs zu den ungekrönten Königinnen der Philosophie ist dennoch nur gekonnte Gelehrtenkoketterie. Was kann einem Philosophen besseres zustoßen, als bei den Damen beliebt zu sein? Und Kant *gilt* als „galanter Magister". Wer die zeitgenössischen Kant-Biographien kennt, weiß, daß Kant sein damenphilosophisches Gütesiegel durchaus mit Stolz getragen hat.

Auch Algarotti buhlt, wenige Jahrzehnte zuvor, mit großem Erfolg um ähnliche Ehren. Das Anknüpfen an Fontenelles *Entretiens* ist sicher präzis kalkuliert. Ebenso die Laudatio, in welcher Fontenelle eine enthusiastische Würdigung als galanter Streiter gegen lateinische Hieroglyphen und andere gelehrte Schrullen erhält. Er habe mit Blumen versehen, was bisher voller Dornen gewesen sei; er habe überhaupt erst den Himmel zu den Grazien gebracht und die Neuheit des damenphilosophischen Unternehmens lasse nun auch ihn, Algarotti, einen zweiten derartigen Versuch mit der Optik und Farbenlehre auf der Basis des Newtonschen Systems versuchen.

Wider die -ismen

Ob er jemals die argumentative Stärke der *Welten* Fontenelles erreiche? Vielleicht nicht. Algarotti weiß um die Schwierigkeit der Kopie. Deshalb habe er sich mit der Farbenlehre einen dem weiblichen Gemüt möglicherweise angemesseneren Gegenstand für die Gesprächsphilosophie ausgesucht, als Fontenelle mit seinen doch etwas extravaganten Planeten. Immerhin: Das schöne Geschlecht ziehe die unmittelbare Sinneserfahrung der denkerischen Wissenspräzision vor. Eine zweite Differenz zwischen Fontenelle und Algarotti besteht in der Vermittlung eines anderen philosophischen Systems. Wo Fontenelle versucht hatte, das Cartesische Denken damenphilosophiegängig zu machen, versucht sich Algarotti nun mit einer Popularisierung der Newtonschen Optik. Beide allerdings verstehen sich als Streiter gegen die gelehrten Auswüchse ihrer favorisierten Systeme; der eine kämpft für Descartes und gegen den Cartesianismus, der andere für Newton und gegen den Newtonianismus. „*Voi avete abbellito il Cartesianismo: io ho procurato di domar, per così dire, il Newtoniamismo, e di rendere aggradevole la sua medesima austerità.*“[4] Wider die -ismen: darin liegt eine der Gemeinsamkeiten von Fontenelle und Algarotti.

Dennoch: Algarotti ist von der Sternenphilosophie Fontenelles wieder auf die irdischen Systeme zurückgekehrt und mit dieser Rückkehr verbindet sich die pädagogische Frage, ob die mathematische Textur des Newtonschen Lehrgebäudes überhaupt noch in einem galanten Gespräch vermittelt werden könne. Wohl zeigt das gepflegte Frontispiz des *Newtonianismo per le Dame* das bekannte damenphilosophische Grundinventar: Dame und Herr in Rokoko-Ornat im Park vor Lustschlößchen ambulierend. Doch die jeweilige Gestik scheint schon rollenspezifisch verhärtet. Wo der Herr den Dreispitz noch comportementgemäß unter

Abbildung (6)
Dame & Herr im Rokokoornat in Park vor Lustschlößchen ambulierend ...
Titelkupfer von Algarottis *Newtonianismo* von 1737.

den rechten Arm geklemmt hat, beschreibt die Linke doch schon eine deutlich lehrerhafte Haltung. Das männliche Gesicht widerspiegelt nicht mehr so sehr die Heiterkeit der ballastabwerfenden Experimentalphilosophie, sondern eher jene Ernsthaftigkeit, die sich in alle Pädagogengesichter der Welt eingräbt. Auch die Dame wirkt steif, schülerinnenhaft genormt und verunsichert. Auf ihrem Gesicht ist das vormalige Lächeln der Damenphilosphie zu einer starren Maske verkommen, als ob sie wüßte, daß sie schon eine Kopie ihrer selbst ist. Die gespreizt-gekünstelte Haltung ihrer linken Hand gibt der ganzen Szenerie vollends den Charakter nur noch mühsam inszenierter Erotik. Die galanten Gespräche gehen zur Neige. Der Lehrdiskurs mit wissenschatlichen Ambitionen stellt sich wieder ein.

Denn trotz der mathematischen Gefahr soll das Newtonsche System in die Köpfe der Damen transferiert werden: *„Vi si sfuggono, quanto si può il più, i termini di Matematica; e se ve n'â alcuno, egli è spiegato per via di cose le più familiari nella vita.“*[5] Mit Familiarität und vertrauten Beispielen will Algarotti die Mathematisierungsgefahr, Vorstufe pedantischer, nur noch kalkulierender Vernunft, bannen. Deutlich gegen Fontenelle und Descartes gewendet, heißt es nun: Eine gute Philosophie, *„buona Filosofia“*, vermittelt sich von selbst, *„senza aver bisogno di macchine“*. Sie hat weder die Fontenelleschen Operntheater noch die Cartesischen Maschinensysteme nötig.[6]

Zwischenspiel: Madame du Châtelet als abtrünnige Schülerin

Algarotti will die Newtonsche Optik und Mechanik nicht nur an Frauen herantragen, sondern überhaupt nach Italien bringen. In dieser grenzüberschreitenden Vermittlerrolle trifft er sich mit Voltaire und dessen Geliebter Emilie du Châtelet, die ihrerseits in Frankreich für Newton missionieren. Und ganz zufällig, beim sonntäglichen Flanieren durch das noch ungesicherte Land einer möglichen *andern* Philosophiehistorie, treffen wir, jenseits aller Fiktion, auf die illustre Inkarnation der Damenphilosophie: Gabrielle-Emilie Le Tonnelier de Breteuil, Marquise du Châtelet.[7] Diese witzige, scharfsinnige und gleichzeitig hochgelehrte Dame veröffentlicht 1741, zunächst anonym, ihre *Institutions de Physique*,

INSTITUTIONS
PHYSIQUES
DE MADAME LA MARQUISE
DU CHASTELLET
adreſſées à Mr. ſon Fils.
Nouvelle Edition, corrigée & augmentée,
conſiderablement par l'Auteur.
TOME PREMIER.

A AMSTERDAM,
AUX DEPENS DE LA COMPAGNIE.
M DCC XLII.

Abbildung (7)
Frontispiz von Gabrielle Emilie du Châtelets *Institutions Physiques*
in der Ausgabe von 1742.

die dem Leibniz-Wolffschen System den Grenzübertritt nach Frankreich eröffnen. Zeuge der erfolgreichen Vermittlertätigkeit du Châtelets in Frankreich ist der große Christian Wolff selbst. In seiner Lebensbeschreibung findet sich folgende Laudatio: „Bey den Frantzosen verdiente die gelehrte Marquisin Madame de Châtelet besonders gerühmet zu werden, welche in dem ersten Theile ihrer *Institutionum physicarum* sehr deutlich und nette die principia aus meiner Metaphysick erkläret und mit grossem Eifer meine lateinischen Wercke lieset."[8] Daneben beteiligt sich die Dame des weiteren kompetent und scharfzüngig am Streit über die lebendigen Kräfte, was ihr von Kant 1746 zwar die freundliche Bemerkung einträgt, eine „erleuchtete Dame" zu sein, denselben Kant aber 1763 dennoch zu den – bekannten – rüden Bemerkungen über „Bartwuchs" und mangelnde Weiblichkeit der Marquise hinreißt.[9] Die damenphilosophische Verunsicherung geht tief, nicht nur bei Kant.

Doch zurück zum Hauptschauplatz Wolff-du Châtelet-Newton. Auch die Marquise entgeht dem Schicksal gelehrter Frauen nicht. Solange sie brave Schülerin des Meisters Wolff ist und „nette" dessen metaphysische *Principia* „erkläret", ist sie lieb Kind. Leider läßt ihr „großer Eifer", sich weiterhin mit des Meisters langfädigen lateinischen Werken herumzuschlagen, gegen Ende der 40er Jahre, gelinde gesagt, ziemlich nach. Wolff – und mit ihm auch dessen Systemkompagnon Leibniz – werden kurzerhand abgesetzt. An deren Stelle treten eigene Ideen und – Newton. Schon 1736 schreibt Emilie du Châtelet in einem Brief, daß sie jetzt ziemlich heftig „newtonisiere, manchmal besser, manchmal schlechter".[10] 1746 erscheint in französischer Sprache der erste Teil von Newtons *Philosophiae naturalis principia mathematica*, übersetzt von Emilie du Châtelet.[11] Wolff reagiert postwendend und wie jedes männliche Subjekt, dessen Geliebte, Tochter, Schülerin oder Eheweib abtrünnig geworden ist: mit kaum versteckter Eifersucht, Enttäuschung und bösen Sticheleien. Für Voltaire war Wolff sowieso nur ein *„bavard germanique"*, ein deutscher Schwätzer. Dennoch: Wolff hatte das Attachement der gelehrten Französin an seinen bescheidenen teutschen Charme eigentlich selbst nie so ganz verstehen können. 1741 schon gesteht er seinem Busenfreund Ernst Graf von Manteuffel, er könne sich „nicht zusammenreimen, wie die Marquise so große Lust zu meiner Philosophie bezeiget, daß sie sich vorgenommen, mein Apostel bei den Franzosen zu sein und

Abbildung (8)
Gabrielle Emilie de Breteuil, Marquise du Châtelet, 1709–1749.

gleichwohl Voltaire an sie noch immer so attachieret, daß er sie nicht verlassen will".[12]

Wolff redet von Madame du Châtelet als „Apostel bei den Franzosen". Damit ist ein Stichwort gefallen, das nochmals und in aller nötigen Deutlichkeit auf eine zentrale Funktion der philosophierenden Damen hinweist. Sie sind Missionarinnen und damit gleichsam hochpotente Exportinstrumente für männerphilosophische Systeme. Wolff und Newton sind beileibe nicht die einzigen, die ein Sensorium für die missionarischen Qualiäten der an Philosophie interessierten Marquisen, höheren Töchter und unbeschäftigten weiblichen Existenzen entwickeln. Exemplarisch gilt dies ebenso für Descartes[13] wie für Leibniz, dessen deutsches System Emilie du Châtelet ebenfalls gewissermaßen als Pionierin nach Frankreich transferierte.[14] Die Herren Manteuffel, Wolff & Co. werden sogar generalstabsmäßig eine *Philosophie des Dames* als Werbeabteilung für das eigene Denken konzipieren. Das allerdings wird später geschildert. Denn wir erinnern uns wieder an unsern vorübergehend im Stich gelassenen Helden, Francesco Algarotti.

Mr Algarotty, Mme du Châtelet, Voltaire und die Anziehungskraft

Dieser hatte nämlich schon 1736 sechs Wochen Sommerfrische auf Cirey bei Madame du Châtelet und Voltaire verbracht. Schon da habe der brave „Algarotty ... sublime Entdeckungen des Herrn Newton über das Licht in Dialoge gefasst, die (mindestens) das Pendant von denjenigen Fontenelles ausmachen", so Emilie du Châtelet in einem Brief über Algarotti.[15] Madame la Marquise schäkert 1736 in Cirey mit Algarotti über die Anziehungskraft, über Fontenelle. Und natürlich spielt auch die Anziehungskraft zwischen den Geschlechtern eine beträchtliche Rolle. Darauf deuten die Scherze einerseits, dann bald aber auch bittere Bemerkungen, insbesondere Voltaires hin.

Der Voltaire-Briefwechsel, welcher selbstredend die Briefe Emilie du Châtelets zur Voltaire-Korrespondenz rechnet, zeichnet ein amüsantes Bild dieses sublimen Wettstreites um eine populäre Newtonisierung Frankreichs zwischen Algarotti, du Châtelet und Voltaire. Wir sehen Voltaire am 5. Mai 1738 schreiben: „Maupertuis unterrichtet nur die

Vernünftigen. Er wird der Hauslehrer der Männer sein, und ich derjenige der Kinder, Algarotti derjenige der Damen, aber nicht von Madame du Châtelet, die davon mindestens soviel versteht wie er, und die nicht wenig in seinem Buch korrigiert hat."[16] Das Lehrer-Schülerin-Verhältnis hat sich endgültig umgedreht. Voltaire ist Zeuge: Emilie du Châtelet hilft ihrem Schüler Algarotti über die Tücken des Newtonschen Systems hinweg und dürfte ihm auch noch einige damenphilosophische Tips mit auf den publizistischen Weg gegeben haben. Und während Maupertuis den akademischen Vorzeigewissenschafter abgibt, übt sich Voltaire in Kinderphilosophie, derweil Francesco und Gabrielle Emilie gemeinsam galante Damenphilosophie betreiben.

Wolken über Cirey

Ob Voltaire geflunkert hat? Mittlerweile ist Algarottis *Newtonianismo* erschienen. In Cirey hat man den Band noch nicht. Wolken sind im italofrankophilen Verhältnis aufgezogen; die physikalische Attraktion zwischen Gabrielle Emilie und Francesco nimmt ab. Am 9. Mai 1738 schreibt du Châtelet an Maupertuis, man höre, das Buch von Herrn Algarotti trage den Titel *Le Neutonisme à la portée des dames*, was sie ziemlich lächerlich findet. Und überhaupt: Wie sie seinerzeit das Buch in der Rohfassung gesehen habe, hätte es nur Scherze über das Licht enthalten, aber sie wisse nur zu gut, welch schönen galanten Scherz, „*quelle bonne plaisanterie*", Algarotti über das umgekehrte Quadrat der Distanzen hätte machen machen können. Zudem: Neben dem Titel findet sie die Widmung an Friedrich den II., Begründer der Preußischen Akademie der Wissenschaften, besonders lächerlich. Tatsächlich enthält nur die erste Auflage des Buches von Algarotti eine Widmung an Fontenelle als Gelehrten-Befreier. Die zweite und die folgenden Auflagen sind alle dem Preußenkönig gewidmet. Emilie du Châtelet – und mit ihr Voltaire – hatten mindestens mit einer Widmung an die „newtonianisierende" Marquise selbst gerechnet.

Algarotti allerdings kalkuliert seine akademische Karriere spitz. Er riskiert eine schroffe Unhöflichkeit gegenüber seiner Lehrerin und Gastgeberin in Cirey. Sozusagen als kleiner Racheakt denunziert Emilie ihren

Abbildung (9)
Newton als *Damenphilosoph*.
Maurice Quentin de la Tour, 1704–1788: *Mlle. Ferrand meditiert über Newton*.

einstmaligen galanten Gesprächspartner nun bei Maupertuis: „Abgesehen von seinem Titel gibt es vielleicht nichts so Lächerliches wie seine Widmung, bei einem Menschen, der schon immer das System der Anziehungskräfte lächerlich machen wollte. Ich vermute, er [Algarotti] will in die Akademie."[17] Im übrigen sei auch Voltaire sehr erzürnt, weil dessen Buchhändler in der Hoffnung auf einen größeren Profit die Voltaireschen *Eléments de la philosophie de Newton* mit dem Untertitel *mis à la portée de tout le monde* versehen habe.

Nun ist Voltaire sauer. Seiner Meinung nach läßt sich das Newtonsche System nicht popularisieren. Am 14. Mai 1738 sehen wir ihn zornig zwei Sätze aufs Papier kratzen: „Man muß schon ein dummer Marktschreier sein um hinzuzufügen: *für jedermann verständlich*. Und ein Dummkopf, um zu meinen, daß die Philosophie von Newton für jedermanns Fassungskraft sei."[18]

Mittlerweile ist man in Cirey endlich im Besitz einer Ausgabe des anstößigen Werkes von Algarotti. Am 18. Mai desselben Jahres läßt Voltaire, in einem Brief an Thieriau, seinem Unmut freien Lauf. In der lauen Frühlingsluft in Cirey debattiert man das Ärgernis Algarotti, der sich nun auch mit Madame du Châtelet heftig überworfen hat. „Sie ist die wirkliche Marquise" von Algarottis Buch. Und niemand in Italien hätte Algarotti bessere Ratschläge geben können als Gabrielle Emilie. Das wenige, was er, Voltaire, vom Werk Algarottis bisher zur Kenntnis genommen habe, bestärke ihn in der Meinung, der *Newtonianismo per le dame* sei eine schlechte Kopie von Fontenelles *Mondes*. „Es ist auf Italienisch beinahe dasselbe, was die *Welten* auf Französisch sind. Der Geruch der Kopie dominiert zu stark und das schlimmste ist, dass es viel zu viel überflüssigen Geist hat". Im übrigen seien beide – Fontenelle und Algarotti – etwa gleich oberflächlich.

Tatsächlich: Algarotti hat mit seiner Damenphilosophie *à la Newton* Voltaire und du Châtelet als Missionare für das Newtonsche System publizistisch schlicht an die Wand gespielt. Voltaire im Originalton der Verärgerung: „Ich bin überzeugt, daß auf 10 Seiten meines Werkes mehr Wahres zu finden ist, als in seinem ganzen Buch. Und das richtet mich wahrscheinlich zugrunde, während er damit sein Glück machen wird. Er hat die Blumen gepflückt und mir die Dornen gelassen."[19] Algarotti hat die populären Blumen des Newtonschen Systems gepflückt;

dem seriösen Voltaire bleiben die Dornen der mathematischen Deduktion.

Eine quadrierte Liebes-Mathematik

Nun beginnen die bösen Scherze. Am 22. Mai desselben Jahres schreibt Voltaire an Maupertuis, das Buch Algarottis sei dermaßen seicht, daß es vielleicht in Italien erfolgreich sein werde. Aber: „Ich zweifle daran, daß in Frankreich die Liebe eines Liebhabers, die mit der dritten Potenz des Abstandes von der Geliebten und mit dem Quadrat der Zeit seiner Abwesenheit abnimmt, den Schöngeistern gefallen wird.“ Die *Principia mathematica* Newtons sind eine schlechte Grundlage für amouröse Ambitionen, oder – Voltaire erweitert du Châtelets Scherz vom 9. Mai 1738 – die Liebe flieht, wo ein Liebhaber sie *à la Newton* deduzieren wolle. Im übrigen bedaure er, Voltaire, schon jetzt jenen armen Menschen, der sich dereinst an die französische Übersetzung von Algarottis amouröser Mathematik machen müsse.[20]

Man muß Voltaire unbedingt zustimmen, was die Mathematisierbarkeit von Liebeserklärungen betrifft. Aber der italienische Damen-Newton wird dennoch ein Erfolg, was in einer Zeit, in der das Lesepublikum zu einem großen Teil aus romansüchtigen und populärwissenschaftlich nicht uninteressierten Frauen bestand, kaum erstaunt. Voltaire scheint sich hier etwas verkalkuliert zu haben. In Italien erlebt Algarottis Buch selbstredend diverse Auflagen und Raubdrucke. Ein Herr du Perron de Castera übernimmt die Mühsal der französischen Übersetzung, die ebenfalls diverse Auflagen erlebt. Und Newton kommt in der Damenfassung sogar wieder in sein Heimatland zurück: 1739 schon erscheint in London eine Übersetzung unter dem Titel *Sir Isaac Newtons's Philosophy Explain'd For the Use of the Ladies. In Six Dialogues on Light and Colours. From the Italian of Sig. Algarotti.* Die Übersetzerin, eine Elizabeth Carter, ist kaum zweiundzwanzig Jahre alt.[21] Auch die englische Übersetzung erlebt diverse Auflagen, was gewiß ein bescheidenes Indiz für das existente Vermittlungsproblem der Newtonschen Naturphilosophie gerade in ihrem Ursprungsland ist.

Und sogar Deutschland wird über Algarottis Damenphilosophie bescheiden newtonisiert: *Jo. Newtons Welt-Wissenschaft für das frauenzimmer oder*

Unterredungen über das Licht, die farben und die anziehende Kraft. Aus dem italiänischen des herrn Algarotti, durch herrn Du Perron de Castera ins französische und aus diesem ins teutsche übers. Braunschweig L. Schröders wittwe, 1745, so der barokke Titel eines kleinen Sedez-Bändchens. Nun werden auch in Deutschland gebildete Damen mit Newtons Physik bekannt gemacht. Die Lehre vom Licht und den Spektralfarben, durch Prismen und Linsen hervorgerufen, das Hantieren mit optischem Gerät, die Ermunterung zum eigenen Experiment: Algarotti trägt sie mit Newton in die europäischen Damenköpfe. Wo natürlich längst – und ohne männliche Oberaufsicht – der Geist der weiblichen Naturphilosophie waltet, man denke etwa an Lady Anne Conway, deren monistischer Vitalismus Wesentliches zur Etablierung von Leibniz' Monadenlehre beigetragen hat.[22]

Eine Nachbemerkung: Wo Gott zum Mathematiker wird, ist die Natur als Hausfrau nicht mehr weit. Genau diesen Gedanken hatte Fontenelle 1686 in Umlauf gesetzt. „Die Natur ist eine großartige Hausfrau, sie arbeitet stets mit dem, was am wenigsten kostet, ... sie ist prachtvoll im Entwurf und sparsam in der Ausführung." Damit ist ein naturphilosophisches Credo geschaffen, das – gerade in seiner elementaren Bescheidenheit – den Ablösungsprozeß von der überalterten, in ihrer Erklärungspotenz für Naturphänomene zu eng gewordenen aristotelischen Naturphilosophie beschleunigt. Die Systemwechsel hin zu Kopernikanischen, Cartesianischen, Leibnizianischen oder Newtonschen naturwissenschaftlichen Erklärungsversuchen sind nicht zuletzt abhängig von ihrer Damenphilosophietauglichkeit. Sperrte man nur schon unsere männlichen Hauptdarsteller, also etwa die Herren Kopernikus, Descartes, Leibniz, Wolff, Voltaire, Maupertuis, Algarotti und wie sie alle heißen, gemeinsam in ein Zimmer: das fach-männliche Konkurrenzprinzip dürfte in Bälde Wellen schlagen. Trotzdem sind die Damen ihnen dankbar. Und wenn das Argument fällt, Damenphilosophie sei eh nur seicht, oberflächlich und verkürzend, zucken sie generös die Schultern. Schließlich ist der Wechsel vom Kochlöffel zu Fernrohr und Mikroskop nicht ganz unerheblich für die Erweiterung der weiblichen Ontologie.

* * *

Wir aber kommen zum nächsten Kapitel, welches einen Herrn LaLande & eine kleine Geschichte der Damenastronomie vorstellen wird.

Viertes Kapitel

–

in welchem Joseph Jérôme de LaLandes Damenastronomie traktiert & der traurige Niedergang von der lächelnden Vernunft zum strengen Winkelmaß rapportiert wird. Nebst einem Auftritt des Philosophieprofessors Immanuel Kant als Kommentator.

Das akademische Fuder wird wieder vollgeladen

1820 erscheint nochmals eine direkte Bezugnahme auf Fontenelle. Joseph Jérôme de LaLande beglückt die Damenwelt mit einer *Astronomie des Dames.*[1] Natürlich ist die Fontenellesche Gesprächsphilosophie häufig kopiert worden. Dennoch: LaLande unternimmt eine Art wissenschaftlichen Wieder-Kodifizierungsversuch der Damenphilosophie und verdient gerade deswegen spezielle Erwähnung. Im wie üblich äußerst aufschlußreichen Vorwort erläutert der Autor, daß sich mittlerweile „die ganze Welt" für die Astronomie interessiere. Nicht zuletzt sei dies am Interesse des schönen Geschlechts für astronomische Fragen abzulesen. Auch zu Beginn des neunzehnten Jahrhunderts befinden sich die Damen noch auf den Dächern und hantieren, wahrscheinlich noch immer mehr lustvoll denn professionell, mit Fernrohren und optischem Gerät.

Aber: LaLande verfolgt nun entschieden nicht mehr jenes Fontenellesche Projekt des wissenschaftlichen Ballastabwerfens. Bei ihm wird – im Gegenteil – das akademische Fuder wieder vollgeladen. Es sei schwierig, das astronomische Unternehmen ohne Figuren und Zahlen, nur im galanten Gespräch, durchführen zu wollen, deshalb „werden wir uns damit beschäftigen, eine kurze allgemeine Übersicht zu geben", allerdings in abgekürzter Damenversion. Während LaLande für die gelehrte Welt eine ausführliche Darstellung seiner Astronomie im ordentlichen Großformat, das heißt in drei Quart-Volumina, daraufhin einen *Abrégé* im etwas handlicheren Oktav für den interessierten Laien präsentiert hat, reicht für die Damen alleweil eine Kürzestfassung der Astronomie im handtäschchengängigen Sedez. Das kleine Bändchen mißt 10,5 auf 7 cm und bringt es doch immerhin auf 182 Seitchen, womit wir meines Wissens beim niedlichsten Belehrungsunternehmen mit wissenschaftlichem Anspruch in Buchformat für Damen angelangt sind.

La Pluralité des Mondes, „die von der ganzen Welt noch immer gelesen wird", hätte seiner *Damenastronomie* durchaus als Modell dienen können. Aber LaLande hat aus der Retrospektive von hundertvierunddreißig Jahren doch einige Kritik an Fontenelles Unternehmen vorzubringen. Das Werk sei zu künstlich, außerdem gehe es den Phänomenen nicht auf den Grund und vor allem: „die scherzhaften Anspielungen ... sind nicht mehr nach dem Geschmack unseres Jahrhunderts". Insgesamt habe Fontenelle keine Idee von der Konstruktion des Himmels vermittelt. Die naheliegende Konklusion: „Wir hoffen, sie hiermit zu geben."[2]

Fontenelle? out!

Darin exprimiert sich nicht nur der sattsam bekannte Vorwurf damenphilosophischer Unwissenschaftlichkeit. LaLande will die Damen als Publikum behalten und die Gelehrten wieder hinzugewinnen. Das ist wahrhaft ein anspruchsvolles Projekt und muß geflissentlich begründet werden. LaLande distanziert sich nochmals von Fontenelle: „Indessen haben wir nicht mehr das gleiche Projekt wie er. Denn er wollte die Astronomie zu einem Punkt führen, an welchem sie weder zu trocken für die Leute von Welt, aber auch nicht zu spielerisch für die Wissenschafter ist"; doch das gesuchte Mittelmaß sei schlußendlich nicht „jedermann", sondern niemandem mehr bekömmlich gewesen. Kurz gesagt: „Auf diese Weise verliert man die Wissenschafter gänzlich, um sich nur noch den Damen zu widmen." Und wer, bitte, wollte sich denn nur noch um die Damen kümmern? Jedenfalls nicht Joseph Jérôme de LaLande, *Ancien Directeur de l'Observatoire à Paris* und Autor des großen *Traité d'Astronomie* in Quart und Oktav.

Die Sedez-Damenfassung bedarf folgerichtig einer Selbstermunterung seitens ihres Autors. LaLande entwickelt auf den letzten zwanzig

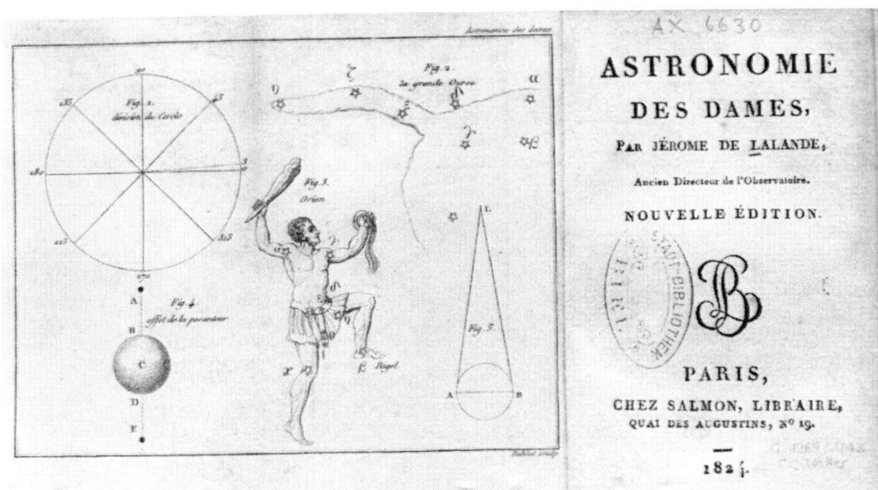

Abbildung (10)
Frontispiz und Illustrationen aus Joseph Jérome de LaLandes *Astronomie des Dames*
in der Ausgabe von 1824.

Seitchen seiner *Préface* erstens eine erstaunliche Zusammenstellung ähnlicher Unternehmen seit Fontenelle, und zweitens einen Überblick über die Astronomiegeschichte. Uns interessiert hier nur der erste Teil.

LaLandes Historie der Damenastronomie

Dieser erste Teil beginnt bei der schönen Hypatia und der Alexandrinischen Astronomie. Leider wurde die Dame im Jahre 415 vom Klerus ermordet. 1650 hat Marie Cunitz astronomische Tafeln publiziert. Eine Jeanne Dumée habe im Jahre 1688, zwei Jahre nach Fontenelles Großerfolg, ihre *Entretiens sur le système de Copernic* angekündet. Über den Ausgang des Unternehmens wird nicht berichtet. Weiter geht es mit der Frau des berühmten Helvétius, „die mit ihm die Gestirne beobachtete". Darauf folgen die Schwestern Manfredi in Bologna, die drei Schwestern des Astronomen Kircher in Berlin, ebenso dessen Frau, eine Geborene Winckelmann, die 1712 ein astronomisches Werk veröffentlicht habe. Sodann treffen wir auf Gabrielle Emilie, Marquise du Châtelet, „die eine Übersetzung von Newton gemacht" habe. Ein Fräulein Caroline Herschel hat mit ihrem Bruder zusammengearbeitet und schon fünf Kometen entdeckt. Und auch seine eigene Nichte, Lefrançais de La-Lande, habe ihrem Mann bei seinen Observationen und Publikationen geholfen und zudem: „sie hat zehntausend Sterne verkleinert, sie hat 300 Seiten Zeittabellen für die Marine bearbeitet, eine immense Arbeit für ihr Alter und ihr Geschlecht". Diese Tafeln, seinerzeit berechnet von Fräulein de LaLande, befänden sich übrigens in seinem, Joseph Jérôme de LaLandes, schönen *Abrégé de navigation*.[3]

Hier ist eine kurze Reflexion über das Schicksal astronomierender Damen vonnöten. Trotz der verdienstvollen und gelegentlich etwas eigenwilligen Darstellung LaLandes springt ins Auge, daß dieselben, falls sie „selbst" etwas leisten, entweder gefährlich leben, oder dann besser nur als Schwestern, Gemahlinnen, Töchter, Nichten, allenfalls Gehilfinnen oder Übersetzerinnen großer Männer erscheinen. Wohl schließt LaLande seine kurze Historie der Damenastronomie mit der Bemerkung, er glaube, „daß den Frauen nur die Gelegenheit fehlt, sich zu instruieren". Und trotz den Hindernissen von mangelnder Erziehung und

Vorurteilen könne man durchaus den gewagten Schluß ziehen, „daß sie ebensoviel Geist besitzen, wie die Mehrzahl der Männer, die in den Wissenschaften Berühmtheit erlangen."[4]

Damenastronomie als Lob Gottes, des Größten aller Männer

Was aber ist der Zweck der Astronomie? Weshalb sollen Frauen darin unterrichtet werden? Zunächst und vor allem soll ihnen das nötige Rüstzeug zur gehörigen Admiration von Welt- und Himmelsordnung vermittelt werden, selbst wiederum Werk Gottes und damit Zeugnis des Größten aller Männer. Die Damenastronomie ist Gotteslob und Gottesbeweis in einem; sie ist säkularer Katechismus, ist naturwissenschaftliche *Laudatio Domini* ersten Ranges, ist krypto-religiöser Damen-Dressurversuch in frühemanzipatorischen Zeiten. Bei Nacht mit dem Fernrohr, bei Tag mit dem Mikroskop: Die naturwissenschaftlich interessierten Damen sollen im großen Buch der Natur lesen und darin gleichsam den weisen Willen Gottes, des Ersten aller Überväter, erkunden.

Daran hängen sich, gleichzeitig von weltlichem Nutzen, die Navigation als irdische Orientierungsmöglichkeit sowie die Vorhersage von Wetter und Himmelserscheinungen an. Zudem will LaLande den bekannten abergläubischen Reflex auf Kometenerscheinungen reduzieren. Bekanntlich sind Frauen, insbesondere Schwangere, dafür besonders anfällig. Auch Immanuel Kant etwa hatte 1766 in seiner Abhandlung über die *Träume eines Geistersehers* noch gescherzt, er wolle nicht für die „Mondkälber" zur Verantwortung gezogen werden, die von der kometenhaft „fruchtbaren Einbildung möchten geboren werden."[5] Doch trotz Kants Spötteleien hat sich der abergläubische Reflex erhalten. Noch 1773, so LaLande, habe „ganz Paris" in großer Furcht vor der Ankunft eines Kometen gestanden, „und diese unglaubliche *Terreur* hatte sich auch auf fremde Länder übertragen."[6]

Zurück zur Geometrie! Adieu verliebte Venusbewohner

Die Damen erhalten bei LaLande Grundkurse in Astronomie. Winkelgeometrie, ein Häppchen Geographie und einige Bissen der nautischen

Wissenschaften sind dem Menü beigemengt. Das ganze damenphilosophische Unternehmen steht nun auf dem festen Boden der Newtonschen Physik, die Cartesischen Mängel und die galanten Scherze Fontenelles sind sorgsam ausgemerzt.

Vorbei ist die Zeit der blauen und braunen Augen, der ewig verliebten Venusbewohner. „Die ganze Astronomie gründet auf der Winkelgeometrie"; das ist Regel Nummer eins, damit beginnt die *Explication préliminaire.*[7] LaLande bringt die Astronomie wieder zur geometrischen Ordnung zurück. Und damit hat sich auch die kalkulierende Vernunft wieder zu ihrem Recht verholfen. Der Scherz, die lächelnde Vernunft, der flüchtige Eros sind vom gestirnten Himmel vertrieben. Die Sternenlehre der Marquise de G *** ? Sie ist definitiv nicht mehr nach dem *„goût de notre siècle.*" Das neunzehnte Jahrhundert und – mit ihm – der männliche Gestus einer wieder ordentlich rechnenden Wissenschaft setzen sich ein trübes Denkmal. Pedanterie, Faktenhuberei, Parzellierung der Totalität menschlichen Seins bis hin zum Projekt der menschlichen Genomkartierung: kein oszillierendes Lächeln, keine kindische Un-Vernunft darf diesen Gang stören. Und die Damen: Entweder gelehrige Schülerinnen, oder ohn-mächtige Hofnärrinnen. Dazwischen gibt es nichts.

Kant als Kommentator

Doch es gibt keinen Anlaß zu Trübsal. Wir erinnern uns nochmals an Kant, den redlichsten aller Fach-Männer der Vernunft. Dieser hatte 1763 nämlich räsoniert:

> Mühsames Lernen oder peinliches Grübeln, wenn es gleich ein Frauenzimmer darin hoch bringen sollte, vertilgen die Vorzüge, die ihrem Geschlechte eigentümlich sind, und können dieselbe wohl um der Seltenheit willen zum Gegenstande einer kalten Bewunderung machen, aber sie werden zugleich die Reize schwächen, wodurch sie ihre große Gewalt über das andere Geschlecht ausüben.[8]

Wer darin nur ein anti-emanzipatorisches Pamphlet mit frauenfeindlicher Textur sehen kann, wohlan. Ich meinerseits würde dieser Deutung doch die generelle Kritik an der Pedanterie entgegenhalten. Wer den erschröcklichen Niedergang der Damenphilosophie von Fontenelles *sou-*

rire de la raison zum Winkelmaß, zum LaLandeschen *mesure des angles* verfolgt hat, erkennt in Kants vordergründiger Damenschelte eine tiefsinnige – ungeschriebene – *Kritik der Pedanterie*, die letzlich eine fundamentale Kritik am männlichen Wissenschaftsbetrieb transportiert: Nicht das „wohlgelahrte" Frauenzimmer ist denaturiert, sondern generell der männliche Nur-Wissenschafter, der Vernunftpedant, der zwar eine „trotzige Weisheitsmiene" annehme, dem aber eigentlich „die Kappe mit Schellen" viel besser zu Gesichte stünde, da er ja doch nichts weiter als „Vernünftelei" und „gelehrte Grillenfängerei" betreibe.

Nochmals: Vom methodischen Geschwätz der hohen Schulen

Man kann Kants Kritik an der verkommenen Wissenschaft getrost ins späte zwanzigste Jahrhundert verlängern. Die Teilhaber der Gelehrtenrepublik evaporisierten sich in akademischen Spitzfindigkeiten und im „methodische[n] Geschwätz der hohen Schulen"; die Wissenschaften hätten eigentlich „blos den Nutzen, daß wir nichts Aergeres machen".[9] Mit diesem majestätischen „wir" mögen zu Kants Zeiten nur Männer gemeint sein. Doch in Zeiten der wissenschaftlich-geschlechtsneutral vorangetriebenen Atom- und Gentechnologie sieht es etwas komplizierter aus. Auch die Frauen sind zu Mittäterinnen geworden, sie üben sich nicht mehr nur im Charme der lächelnden Vernunft.

Dennoch: Die eigentlich subversive Wissenschaftskritik Kants beschränkt sich gerade nicht auf die Randfiguren weiblicher Gelehrsamkeit, sondern sie meint viel zentraler das Gros der männerwissenschaftlichen Grillenfängerei. Oder präziser: Die Kritik am „peinlichen Grübeln" einiger weniger Frauenzimmer ist nur ein kleiner Schatten der Kritik an einem männlichen Wissenschaftsbetrieb, der unsensibel, pendantisch, trocken und schulgelehrt geworden ist; ja, der die Philosophie, die einstige Liebe zur Weisheit, zur Wissenstechnokratie verkommen ließ und den eigentlich liebenden und im besten Sinne: erotischen Bezug zum Gegenstand der Wissenschaften verloren hat. Wir haben es hier mit einer präzisen, wenn auch nur mit aufmerksamen Randgängen im Kantschen System nachzeichenbaren Kritik an der Ent-Erotisierung des Wissens zu tun; eine Klage, die auch heute durchaus Aktualität hat.

Was wir hier aber ebenso vorfinden, meine ich, ist eine geschickte, listige und methodisch subtile Stellvertreterkritik an der Denaturiertheit der Vielzahl der Männer über die Denaturiertheit einiger weniger Frauen. Indem Kant scheinbar an der allgemeinen Misogynie und Ridikülisierung beispielsweise der gelehrten Frauen partizipiert, hält er in Wahrheit der Vielzahl der Männer den Narrenspiegel vor. Das weibliche, das andere Geschlecht ist nicht schmückendes Beiwerk oder Komplement des ersten, des männlichen Geschlechts, sondern sein Spiegel. Männer und Frauen widerspiegeln – trotz der Geschlechterdifferenz – die Einheit der Menschennatur. Sie sind sich je eine Möglichkeit des Korrektivs, des kritischen Blicks auf sich selbst; sie haben die gleichen Möglichkeiten zur Beförderung wie zur Denaturierung ihres vernünftigen Seins.

Weder Gravität noch Ängstlichkeit

Doch beim Übergang zum Unernst, zum Lachen, da sind die Damenphilosophinnen ihren männlichen Kollegen bei weitem überlegen. Denn auch die Philosophie ist letztlich nur eine unter vielen Möglichkeiten menschlichen Seins und ihre Aufgabe ist, zu einem humanen und freundlichen Leben beizutragen. Philosophen müssen auch lachen und guter Laune sein können. Vor allem sollten sie das *Gute Leben* nicht nur theoretisch bestimmen. Daß dieses gesuchte *Gute Leben* der künstlichen Gemeinschaft möglichst autonomer männlicher Vernunftwesen gelegentlich sehr abgeht, hat Kant durchaus beschäftigt. Gegen die Trübsal seiner eigenen Zunft gewendet, hören wir den alten Kant noch formulieren: „Das Frauenzimmer beweist am besten, dass der Mensch für die Freuden des Lebens gemacht sei, zur guten Laune und weder zur Gravität noch zur Ängstlichkeit.“[10]

Damit sind wir wieder bei der Damenphilosophie als listigem Entkrampfungsmittel des Denkens angelangt. Doch das Schlußwort zum ersten Teil der kleinen Damenphilosophie-Geschichte überlassen wir getrost Madame la Marquise Gabrielle Emilie le Tonnelier du Châtelet, renitenteste aller Schülerinnen, kompetenteste aller Physikerinnen, luzide, lust- & listige Damenphilosophin. Ihre Definition der Philosophie lautet nämlich schlicht: „Die Metaphysik enthält zwei Arten von Wissen;

nämlich das, was alle Welt wissen kann; & zweitens, was viel größer ist, dasjenige, was die Menschen niemals wissen können."[11] Wo das Nicht-Wißbare größer ist als das gesicherte Wissen, dürfen auch die schwergewichtigen Metaphysiker wieder zu großen Kindern werden. Die aber gehören hinaus, in den Garten, zum Lachen und Spielen. Damit schließt sich der Kreis. Candide-Voltaires Garten ist zugleich Gabrielle Emilies Park in Cirey, ist der Lust-Ort galanter philosophischer Gespräche, wie sie Fontenelle und die Marquise de G*** seinerzeit ausprobierten. Weg von den Kathedern! Heraus aus den verstaubten Kabinetten! Schickt die Philosophen wieder in die Gärten!

* * *

Verehrte Leserin, werter Leser. Nachdem Sie im Garten etwas damenphilosophischen Ballast abgeworfen haben (wie zu hoffen ist), werden Sie im nächsten Kapitel einem ganz Großen und einem ziemlich Kleinen begegnen. Mehr sei nicht gesagt.

Fünftes Kapitel

worinnen ein äußerst galanter Gottfried Wilhelm Leibniz, eine Mademoiselle de Scudéry, ein toter Papagei, die Königin von Preußen, einige hannöversche Prinzessinnen & zwei englische Ladies auftreten & ganz ernsthaft über Damenphilosophie als Popularphilosophie debattieren.

Der Tod des Papageien

Gottfried Wilhelm Leibniz, Verfasser der *Theodizee*, Begründer der Infinitesimalrechnung, Justizrat, Bibliothekar, Fürstenberater und Akademiebegründer, kurz: die Personifizierung des Universalgelehrten und zweifelsohne einer der Größten der Philosophie- und Wissenschaftshistorie, schreibt in den letzten Jahren des siebzehnten Jahrhunderts ein Gedicht auf den Tod eines außerordentlich Kleinen, nämlich auf den Papagei der Mademoiselle de Scudéry, welcher nach einem zeitgenössischen Bericht „nicht größer, als ein Sperling gewesen" sei.[1] Der Vogel, just in jenen Tagen das Zeitliche segnend, mag wohl eine schmerzliche Lücke in das Leben der Mademoiselle de Scudéry gerissen haben.[2] Für Leibniz jedenfalls hinterließ er eine trostbedürftige Dame sowie den Anlaß, eine Eloge *„in mortem psittaci Magdalenae Scuderiae, quae ob eximia ejus carmina Sappho Gallica et Musa decima a doctis nominatur"* zu verfassen, was etwa soviel heißt, daß Leibniz den toten Vogel zum hochwillkommenen Anlaß nimmt, sich, obwohl nur ein tumber Teutscher, in der perfekten Beherrschung frankophilen Comportements und kosmopolitischer Galanterie zu profilieren. So sehen wir Gottfried Wilhelm einen Lobpreis auf die untröstliche Papageienliebhaberin verfassen, welche aufgrund ihrer herausragenden Gedichte durchaus den Titel einer „Gallischen Sappho" verdiene und von den Gelehrten schon längst zur Erhebung in den Rang einer „zehnten Muse“ vorgeschlagen worden sei.[3] Geschmeichelt dankt die Scudéry mit der Abfassung eines Madrigals auf Leibniz, das hier auszugsweise und aus Gründen der Poetik französisch wiedergegeben sei:

Le célèbre Leibniz, si sçavant et si sage
Du petit perroquet a fait un grand tableau ...
Il n'est point de sçavant qui ne cède à Leibniz;
Tous ses vers sont divins et leur puissance est telle
Que sans le meriter ils me font immortelle.[4]

Ein Lehrstück also in der barocken Kunst des Elogendichtens, möchte man meinen, vielleicht mit einem bedauernden Seitenblick auf die Sitten unserer modernen *scientific community*. Vielleicht. Ich glaube allerdings, daß, wer hinter diesem poetischen Briefwechsel nur gesellschaftliche Oberflächenphänomene des schönen Scheins vermutet, Galanterie etwa und Comportement, die Tiefenschärfe dieses ebenso geistreichen wie gepflegten Diskurses zwischen Leibniz und Mlle. de Scudéry verfehlt. Ansatzweise wird transparent, daß es beim Hin und Her zwischen Leibniz und Madeleine de Scudéry nicht nur um ein verbrämtes Süßholzraspeln geht. Immerhin bedankt sich die Dame beim „berühmten“ Leibniz dafür, daß er unterschiedslos auch ein Sensorium für das Kleine, eben etwa ihren Papageien habe. Was ihn, den großartigen Begründer eines philosophischen Systems, in den Augen der Dame wirklich „gelehrt und weise“ macht, ist seine Aufmerksamkeit für die Petitessen des Alltags, jene Marginalien, ohne die auch die beste aller Welten trist und unerträglich wäre. Leibniz' *Papageienrequiem* lautete nämlich folgendermaßen:

Psittace pumilio, docta sed magne loquela
Heu nuper Dominae cura jocique tuae.
Si nunc Cyranidae**)[5] quondam spectata volanti
Ad superos, avium maxima regna tenes:
Ne genus humanum paucorum a crimine culpa,
Queîs nuda in vobis machina, sensus abest: ...[6]

Zwar durchaus galant, aber letztlich gegen die Cartesische Lehre der sinnen- und seelenlosen Tiermaschine gewendet, tröstet Leibniz Mlle. de Scudéry mit einem Gedicht, das den Tod ihres Papageis als Ausgangspunkt nimmt, diesen Tod immediat mit Cyrano de Bergeracs Flug ins Reich der Vögel verknüpft und schließlich in einer populären Version der philosophischen These endet, daß Tieren durchaus Sinnesqualitäten bis hin zu einer bescheidenen Immortalität der Seele zukommen können. Leibniz will die Dame also nicht nur trösten, sondern, ausgehend von einem Alltagsereignis, mit den Elementen einer aktuellen philosophischen Debatte vertraut machen und gleichsam damit die Nützlichkeit seiner Immortalitätslehre in Form des erfolgreichen Trostes ausweisen. Oder, um präziser zu sein: Das von Leibniz eingebrachte Tröstungsargument besteht in einer populären Version seiner Monadenlehre, welche zudem den Anspruch hat, das aus der Cartesischen Tiermechanik resultierende Leib-Seele-Problem aufzulösen.[7] Leibniz ist so sehr um Popularität und Verständlichkeit seiner gegen Descartes gerichteten Anspielung bemüht, daß er die Totenrede auf den Papagei mit folgender Anmerkung versieht: „Wie Cyrano de Bergerac auf seiner Reise nach der Sonne in das Reich der Vögel gelanget, kam er in große Gefahr, da man erkannte, daß er ein Mensch war, deren Geschlecht den andern Thieren, mit Cartesio, nicht einmal die Sinnen zugestehen wolle. Er wurde aber auf Vorsprache eines Papageyen, den er in seinem Hause vordem gütlich gehalten, losgelassen."[8]

Der auf Vermittlung und Popularisierbarkeit von Philosophemen ausgerichtete Zug in der Eloge auf den Scudérischen Papagei ist durchaus kein Einzelfall. Er findet sich, so meine Beobachtung, bei Leibniz auffällig oft in seinem Briefwechsel mit vornehmlich fürstlichen Damen. Betrachtet man den umfangreichen Briefwechsel Leibniz' einmal unter dem Fokus moderner statistischer Methoden, so läßt sich zeigen, daß insgesamt zwar nur 2 Prozent seiner Briefpartner Frauen sind. Fragt man hingegen nach dem Anteil weiblicher Korrespondenten in Leibniz' Briefwechsel mit fürstlichen Personen, erhöht sich der bescheidene absolute Anteil auf immerhin 39 Prozent.[9] Dieser sozialhistorische Befund illustriert nichts mehr als die Realität der Bildungschancen für Frauen zu Leibniz' Zeiten: Die Gelehrtenrepublik ist zunächst ein Männerstaat, der gelegentlich von sozialprivilegierten Damen mit sorgfältiger Ausbildung durchbrochen wird.[10]

Eine dieser bildungsprivilegierten Damen, die Herzogin Elisabeth Charlotte von Orléans, steht in den Jahren 1715 und 1716 mit Leibniz in direktem Briefwechsel, obwohl sie von sich selbst 1710 noch sagt: „Wir [die Frauen] müssen wohl von bagatellen reden; staadtssachen weiss ich warlich nicht, philosophie verstehe ich nicht undt noch weniger die theologie, also muss man ja woll mit mir reden, worauf ich andtwortten kan".[11] 1696, also noch vor dem Beginn ihres Briefwechsels mit Leibniz, bittet Elisabeth Charlotte ihre Tante, die Kurfürstin Sophie von Hannover, brieflich und wiederum mit recht abenteuerlicher Orthographie, sie solle doch „demütigsten danck vor den getruckten brieff von H. Leibenitz" sagen, dessen Zeilen sie „sehr woll geschrieben finde". Besonders die Verständlichkeit der Gedankenführung des großen Philosophen über komplexe Sachverhalte hat es ihr angetan, und zwar dermaßen, daß sie formuliert: „kan nicht begreiffen, wie Er Eine so embrouillierte sache so woll hatt ausslegen konnen." Im folgenden Brief an Sophie klärt sich auch der populäre Gegenstand der bewunderten philosophischen Vermittlung Leibnizens auf:

> Ich bitte, E.L. wollen doch mons. Leibenitz meinetwegen dancken; Ich finde recht woll geschrieben wass er auffgesetzt hatt und admirire, wie daß Er mit so grosser neteté undt facilitet auff Eine so schwere Sache schreiben kan; daß die thier nicht ganz absterben, tröst mich sehr vor meine liebe hündtges; des Cartes opinion von dass uhrwerck ist mir sehr abgeschmackt vorkommen ...

Ergo: Im Zeitalter der Papageien und Schoßhündchen haltenden Damen scheint Leibniz mit seiner Monadenlehre gegenüber der gefühlskalten Cartesischen Lehre sinnlich reduzierter Tiermaschinen einen gewissen außerphilosophischen Heimvorteil zu haben.

In einem Brief von 1705 – mittlerweile kann sie sogar den Namen des von ihr bewunderten Philosophen korrekt schreiben – bestätigt sich das positive Urteil Elisabeth Charlottens über Leibniz. Sie ist und bleibt von seinen gelehrten wie menschlichen Qualitäten äußerst angetan: „ ... auf alles wass Ich von Herrn Leibnitz höre undt sehe, Muss Er gar grossen verstandt haben undt dadurch angenehm sein ...". Was aber ist ein großer Kopf wert, wenn er nicht mit einem angenehmen Menschen verbunden ist: Großen Wert legt Elisabeth Charlotte gerade auf die Verbindung von metaphysischer „neteté" und physischer Gepflegtheit: „Es ist rar, daß gelehrte leutte sauber sein undt nicht stincken und raillerie verstehen".[12] Leibniz – ein in der Philosophiehistorie seltenes Kompliment – gehört zu diesen raren männlichen Exemplaren gepflegten und geselligen Gelehrtentums.

Zweifelsohne: Leibniz hat Erfolg bei den Damen, und zwar zunächst als Philosoph, der sich nicht scheut, seine Philosophie gerade auch Personen nahezubringen, die von den Segnungen des damaligen Bildungswesens nur in Ausnahmefällen bedacht wurden. Ein Philosoph also, der sich um das Vorurteil der Zeit, Frauen seien keine geeigneten Gesprächspartner *in metaphysicis*, wenig kümmert; der vom zureichenden Vermögen weiblicher Verstandeskräfte zu philosophischer Beschäftigung durchaus überzeugt ist; Leibniz, der – wenn überhaupt – auf mangelnde weibliche Bildungschancen und ein daraus evidentermaßen resultierendes geistiges Trägheitsmoment bei Frauen, nicht aber auf ein naturgegebenes intellektuelles Defizit hinweist; Leibniz aber auch als prominenter Ansprechpartner der Prinzessin Luise von Hohenzollern-Hechingen, die ihn 1704 um Unterstützung für eine überkonfessionelle *Academie des dames de qualitez* bittet.[13]

Leibniz als doppelter Damenphilosoph

Zu Recht also könnte man Leibniz in doppeltem Sinne als Damenphilosoph bezeichnen: Einerseits als Philosoph *für* die Damen, der in Konsideration der meist dürftigen philosophischen Vorbildung seiner Ansprechpartnerinnen eher auf die metaphysische Nomenklatur der Begriffe als auf die Vermittelbarkeit von Metaphysik insgesamt verzichtet. Andererseits als Philosoph *der* Damen, welche Leibniz präzis wegen seiner Bemühungen um allgemeine Verständlichkeit, *facilitet* und *neteté* in der Darstellung der in der Tat verwickelten Gedankenführung zeitgenössischer Philosopheme favorisieren. Was aus dieser eigentlich komplementären Situation wechselseitiger philosophischer Bedürfnisse resultiert, kann man einmal mit dem – begrifflich vielleicht noch immer etwas wagemutigen, weil auf den ersten Blick mißverständlichen – Terminus *Damenphilosophie* kennzeichnen. Mißverständlich deshalb, weil das Etikett ‚Damenphilosophie bei Leibniz' gerade nicht meint, Leibniz habe eine Sammlung seichter Konversationsphilosopheme zusammenkompiliert, tauglich genug für die oberflächlichen Ansprüche geselligen Damengeplauders.

Vielmehr versteht es gerade Leibniz, die aus der männerbündlerisch organisierten Gelehrtenrepublik resultierende natürliche Distanz der Damen zu den dogmatischen Versteinerungen der beginnenden Schulphilosophie als Korrektiv und Prüfstein seines eigenen Systems fruchtbar zu machen. Es bestehen, das meine Kernthese, vielmehr gerade bei Leibniz berechtigte Gründe, von der Damenphilosophie als Sonderfall der *Popularphilosophie* auszugehen.[14] Auch wenn der Begriff Popularphilosophie seinen Ansatzpunkt erst innerhalb der Frührezeption der Kantischen Philosophie historisch ausweisen kann,[15] will ich ihn hier in produktiver Absicht historisch nach hinten verlängern. Immerhin geht es nach einem Diktum J.A. Eberhards, eines akdemischen Philosophiespezialisten im achtzehnten Jahrhundert, bei der Popularphilosophie darum, daß sich „Philosophen finden, welche auf eine leichte gefällige Weise die vornehmsten Wahrheiten der Weltweisheit unter jener Menschen-Classe auszubreiten suchen, die nicht für die Wissenschaften lebt, nicht für sie gebohren ist."[16] Sicherlich wird niemand bestreiten wollen, daß dieses Kriterium damals explizit auf die Frauen zutraf, auch wenn man sie heute vielleicht nicht mehr als „Classe" bezeichnen dürfte und die akademische Beschäftigung nicht allenthalben mehr als eine Frage der Geburt betrachtet wird. Doch bleiben wir bei Eberhard: Die in „gebildeter Popularität" geschriebenen Bücher finden nach Eberhard weitere Verbreitung; ja, die Popularität mache geradezu die *humanitas* der Philosophie aus.

Als ebenso prominentes wie illustratives Beispiel bei Leibniz denke man etwa an die wichtige Rolle, die der Preußenkönigin Sophie Charlotte bei Abfassung und Darstellung der *Theodizee* zukommt. Leibniz selbst betont 1710 in einem Brief an Thomas Burnett: „Der größte Teil dieses Werkes wurde geschrieben..., während dem ich mich bei der verstorbenen Königin von Preußen aufhielt, wo derartige Themen oft verhandelt wurden. ... Ihre Majestät befahl mir des öfteren, meine Antwort schriftlich vorzulegen, damit man sie aufmerksamer konsiderieren könne."[17]

Daraus ließe sich nicht nur ableiten, daß ohne Sophie Charlottes Interesse an der Arbeit Leibniz', ohne ihre Ermunterungs-„Befehle“, die *Theodizee* das Licht der philosophischen Welt möglicherweise nicht oder zumindest nicht in dieser erfolgreichen Form erblickt hätte. Damenphilosophie ist damit gewissermaßen auch Geburtshilfe, *Mäeutik* populärer Systemphilosophie. Gerade der aus dem Gespräch zwischen Leibniz und Sophie Charlotte erwachsene populäre, ja *exoterische*[18] Stil mag wesentlich zum Erfolg, eben: zur Popularität der *Theodizee* beigetragen haben. Denn Popularität und Exoterik rücken im Fall der Leibnizschen *Theodizee* durchaus in bedeutungsmäßige Nähe: Der Philosoph darf sich nicht der Anstrengung entheben, seine Sprechweise den Bedürfnissen der Praxis anzupassen; „es gilt, die Sprache der Metaphysik mit der Praxis zu versöhnen,“[19] so eine der methodologischen Grundaussagen in Leibnizens *Discours de Métaphysique*.

Damenphilosophie: Sonderfall der Popularphilosophie

Leibniz eine Damenphilosophie als Sonderfall der Popularphilosophie zu konzedieren, heißt zunächst einmal: Die Intention einer derartigen These transparent zu machen, ohne sie zugleich von ihrem fruchtbaren, weil tentativen Gehalt zu befreien, indem sie etwa schon *praecox* in das sichere, hermeneutisch trockengelegte Land des Begriffes überführt wird. Bei Leibniz jedenfalls entsteht der Eindruck, die Tauglichkeit eines philosophischen Gedankens sei – in metaphysik-kritischer Absicht – mit gutem Erfolg gerade: am ungekünstelten und an alltäglichen, populären Fragestellungen geschulten weiblichen Verstand zu prüfen.

Leibniz selbst ist der beste Zeuge für die Affinität von Damenphilosophie und Popularphilosophie. Mißt man nämlich die methodischen Betrachtungen im *Discours de Métaphysique* an den teilweise leichthändig hingeschriebenen Sentenzen bei Leibniz und seinen weiblichen Briefpartnerinnen, präzisiert sich die These einer Damenphilosophie als Popularphilosophie. Selbstevidenz der Vernunft und undogmatische Vermittlung präsentieren sich als Angelpunkte in Leibniz' philosophischem Briefwechsel mit Damen; ganz ähnlich gewichtet Leibniz den Praxisbezug der Philosophie.

Im *Discours* mokiert sich Leibniz über die Cartesischen „Sektenbrüder“, die lieber Irrtümer begingen und weiterhin scheuklappenexegetisch die Bücher ihres Meisters befragten, „als die Natur und die Vernunft zu konsultieren.“[20] Ein Selbstvertrauen in die eigene kritische Vernunft ist zur Vermeidung systemimmanenter Irrtümer vonnöten, auch solle man sich niemals täuschen lassen von Kommentatoren, „die in ihrem Autoren zu viel Gelehrtheit suchen“.[21] An die Sokratische Mäeutik anknüpfend,[22] verzichtet Leibniz speziell gegenüber Damen darauf, Gedanken des eigenen Systems systemimmanent oder gar dogmatisch zu vermitteln. Das korrespondiert mit der Beobachtung Lessings, Leibniz setze „willig sein System beiseite, und suchte einen jeden auf demjenigen Weg zur Wahrheit zu führen, auf welchem er ihn“ fand.[23] Lady Masham etwa, Freundin und philosophische Vertraute Lockes, findet er auf einem andern Wissensniveau an, als die Kurfürstin Sophie Charlotte, die 1699 unumwunden bekennt: „Sie können mich von jetzt ab als eine Ihrer Schülerinnen betrachten, als eine, die Sie und Ihre Verdienste schätzt.“[24] Für Leibniz ist Philosophie direkt mit der Frage ihrer glükkenden Vermittlung verknüpft; angewandte Mäeutik bedeutet, den Schüler, die Schülerin nicht zu indoktrinieren, sondern ihn oder sie zum *socius inveniendi*, zum Genossen im Entdecken und Erfinden zu machen.[25]

Leibniz & the English Ladies

Inhaltlich beschäftigt sich Leibniz’ Damenphilosophie vor allem mit der philosophischen Begründung von Glaubensfragen, der Einheit der Religionen, der Unsterblichkeit der Seele, der Stringenz von Gottesbeweisen. Lady Masham, deren philosophische Kenntnisse Leibniz schon zuvor mit einem artigen Kompliment auf die erstaunlichen „Kenntnisse der englischen Damen, wovon ich ein Muster im Werk der verstorbenen Comtesse de Connaway gesehen habe“,[26] bewundert hat, verwickelt Leibniz gleich in ihrem ersten Brief in terminologische Fragen, die durchaus nicht die Koketterie einer Preziösen mit der Gelehrsamkeit widerspiegeln: Sie wünscht nämlich, daß Leibniz nochmals eine taugliche Distinktion zwischen seinen Begriffen *forces primitives, formes constitutives des substances* und *substances* gebe. Nach dem Bayleschen *Dictionnaire* zu schließen, stütze Leibniz seine Hypothese auf diese Distinktionen, doch, so Lady Masham: „Ich gestehe, ich habe keine klare Idee davon erhalten, was Sie unter ‚Formen' verstehen."[27] Daß ein so großer Philosoph wie Leibniz, fügt Lady Masham hingegen in bester weiblicher Modestie hinzu, sich um die Instruktion „einer unwissenden Frau" kümmere, dürfe sie sich eigentlich nicht erhoffen. Wenn Leibniz aber dennoch auf ihre Fragen eingehen wolle, so solle er sich doch freundlicherweise um Verständlichkeit und Kürze bemühen.

Umgehend und offensichtlich angeregt von den Fragen Mashams antwortet Leibniz im Mai 1704 mit einem ersten Brief, aus dem sich in der Folge ein Briefwechsel entwickelt, der von grundsätzlicher Bedeutung für die Leibniz-Forschung ist.[28] Es ist hier nicht der Ort, mit der nötigen philosophischen Sorgfalt auf den Inhalt des Briefwechsels einzugehen. Dennoch scheint mir eines deutlich zu werden: Leibniz mag zunächst den Briefwechsel mit Lady Masham auch wegen der Aussicht auf ihre Vermittlerrolle für die von Leibniz gewünschte Bekanntschaft mit Locke favorisiert haben. Bald aber verselbständigt sich der philosophische Diskurs zwischen Leibniz und Lady Masham. Zentraler Inhalt ist nun: Prüfung und Optimierung des eigenen Systems am klaren und unvoreingenommenen Sachverstand einer philosophisch nicht ungeschulten, aber wiederum auch nicht in den Scheuklappen eines eigenen Systems dogmatisch verfangenen Urteilskraft. In der Kürze des Briefwechsels entwickelt Leibniz zu diesem Zweck eine zusammenhängende Darstellung des Prinzipes der Kontinuität und demonstriert ebenso in aller Kürze und Faßlichkeit seine Idee der *prästabilierten Harmonie*. Lady Masham antwortet mit kritischen Einwänden und unterschlägt ihr philosophisches Selbstbewußtsein durchaus nicht. Ephemere Bemerkungen über ihr *in metaphysicis* eigentlich falsches Geschlecht – „denn ich bin nicht unter der Zahl derjenigen, die Ihre vorteilhafte Idee der englischen Ladies bestätigen..." – ,[29] widerspiegeln nur das auf intellektuelle Modestie ausgerichtete Comportement gelehrter Damen.

Einen etwas andern Ton *in metaphysicis* desideriert hingegen Sophie Charlotte: „*Laissons-là les spéculations*"![30] Vergessen wir die philosophischen Spekulationen, langweilige Vernünftelei und künstliche Differenzen! Dies der Befehl ihrer königlichen Hoheit an Herrn Leibniz. Gehorsam antwortet der könig- & kurfürstliche Hof- & Damenphilosoph mit einem Brief, in welchem Leibniz die Darstellung seines Systems, wie er es im Brief vom Mai 1704 an Lady Masham getan hatte, wiederholt, nun aber kürzer, begrifflich weniger exakten philosophischen Differenzierungsansprüchen verpflichtet. Am Schluß des Briefes an Sophie Charlotte hören wir Leibniz ausrufen: „Hier also in wenigen Worten meine ganze Philosophie, zweifelsohne sehr populär...".[31] Hier haben wir also doch das Fadenkreuz der Damenphilosophie: Kürze und Popularität.

Dennoch ein unpopulär verlängernder Zusatz zum Kapitel-Schluß: Die Rede von einer Damenphilosophie als Popularphilosophie entspricht, meine ich, präzise nicht jenem diskriminierenden Unterton, den etwa K.L. Reinhold 1789 in seinem *Versuch einer neuen Theorie des menschlichen Vorstellungsvermögens* mit dem Begriff Popularphilosophie grundsätzlich verbunden wissen wollte.[32] Ein philosophisches System, das sich seiner immanenten Qualität als System bewußt ist, sich aber nicht scheut, die eigenen Ansprüche sozusagen systemextern an der natürlichen Dissidenz der Damen, ihrer unverschulten geistigen Beweglichkeit, ihrem populären, an der Alltagspraxis geschulten Sachverstand und an ihrer kritischen Urteilskraft zu messen, entspricht dem mäeutischen Charakter der Popularphilosophie. Die Transformationsmöglichkeit eines philosophischen Systems in die populäre Matrix der Damenphilosophie, die sich in Klarheit, Kürze, Stringenz, Eleganz bis hin zu Selbstevidenz der Beweisführung äußert, macht die Damenphilosophie erst recht zu einem unverzichtlichen und preziösen Korrektiv einer dogmatisch werdenden Schulphilosophie. Preziös insofern, als die so verstandene Damenphilosophie geradezu seismographisch auf die zuweilen schmale Trennlinie zwischen metaphysischer Wahrheit und spekulativem Wahnwitz reagiert.

Leibniz, Universalgelehrter mit kritischen Blick innerhalb und außerhalb seines Systems, hat sich dieser Komponente kreativ und listig bedient. Die Damen jedenfalls haben es ihm gelohnt: Denn was wäre das Leibnizsche System ohne die Vermittlung einer Marquise du Châtelet, einer Mlle. de Scudéry, einer Sophie Charlotte von Orléans in Frankreich; einer Lady Masham in England; der ganzen kurfürstlichen und königlichen Damendynastie in Preußen. „*Le celèbre Leibniz, si sçavant et si sage*“, lobte Mlle. de Scudéry: Was Leibniz den Damen an Vermittlerdiensten *in metaphysicis* leistete, leisteten sie ihm als Vermittlerinnen seines Systems *für die Welt*.

* * *

Von Leibniz nun aber schnell ein Abstecher zu Descartes: Im nächsten Kapitel wird – endlich – die Dame mit dem abenteuerlichen Namen Giuseppa Eleonora Barbapiccola vorgestellt.

Sechstes Kapitel

–

in welchem eine mutige junge Dame mit dem abenteuerlichen Namen Giuseppa Eleonora Barbapiccola vorgestellt, eine unbekannte Descartes-Übersetzung präsentiert & anschließend gefragt wird, ob Descartes auch als redlicher Damenphilosoph tauge.

Im Jahre 1722 erscheint – mit Druckortangabe Turin – ein Buch, das eine zelebre Wissenschaftsgeschichte hätte machen können, und dennoch den meisten zeitgenössischen und heutigen Lesern völlig unbekannt geblieben ist. Eine Dame mit dem abenteuerlichen Namen *Giuseppa Eleonora Barbapiccola* – eine „Kleinbärtige" also – verfaßt die erste und vor allem: wissenschaftlich erstrangige italienische Übersetzung der 1644 im lateinischen Original erschienenen *Principia philosophiae* von René Descartes.[1] Wer eines der seltenen und zumal in der Descartes-Literatur bis dato unbekannten italienischen Exemplare in Händen hält, mag zunächst erstaunt sein über den vorbildlichen Druck und den geradezu jungfräulichen Zustand des Buches. Durch wie viele Hände es wohl gegangen ist? Und ob nicht der Drucker der letzte gewesen ist, der es länger als zum schnellen Taxieren unbedingt nötig unter seinen Augen gehabt hat? – Es ist, als schriebe man noch immer das Jahr 1722; eben hat man sich das Buch über verborgene Wege zukommen lassen, vielleicht auf den diskreten Tip eines Freundes, der wohlvertraut ist mit den scharfen Konturen des *Index librorum prohibitorum.*

Eine unmodeste Novizin

Doch trotz der Cartesischen Lehre von Trug, Täuschung und Zweifel: Wir schreiben das Jahr 1990 und blättern in diesem papierenen Kuriosum. Das Frontispiz kündet ausführlich den Inhalt des Werkes an: „*I Principij della Filosofia Di Renato Des-Cartes. Tradotti dal Francese col confronto del Latino in cui l'Autore gli scrisse/Da Giuseppa Eleonora Barbapiccola/Tra gli Arcadi Mirista/In Torino 1722*". Besonderen Wert scheint die Dame somit auf den Vergleich ihrer italienischen Übersetzung mit der lateinischen Originalausgabe zu legen. Als Titelkupfer findet sich ein Porträt – allerdings nicht des damals auch in Italien schon zelebren, aber dennoch sehr umstrittenen Autors der *Principia*, sondern, ganz unweiblich-unmodest, der Übersetzerin der Cartesischen „Neuen Philosophie" selbst. Eine selbstbewußte Dame, keine zwanzig Lenze zählend, blickt dem Betrachter direkt in die Augen. In der Rechten hält sie – selbstverständlich – ein Buch. Und da dieses Buch dasselbe Format hat wie die Descartes-Übersetzung der Barbapiccola, könnte es durchaus sein, daß der Kupferstecher den Auftrag erhielt, die junge Übersetzerin gleich mit ihrem *Capo Lavoro*, ihrem Meisterstück, abzubilden.

Daran anschließend folgt, durchaus unüblich und trotz modester Argumentation merklich unverfroren, eine zwanzigseitige Epistel der Übersetzerin „an die Leser".[2] Dieses in seinem Mut und seiner denkerischen Konsequenz einzigartige Sendschreiben hat gewiß bilderstürmerische Dimensionen: Daß Giuseppa Eleonora Barbapiccola aus selbst-betreffenden Gründen den philosophierenden Frauenzimmern zunächst – das wievielte Mal wohl? – eine Lanze brechen muß, ist dabei der geringste ihrer Angriffe auf den Gang der Ereignisse an der philosophischen Front. Deutliche, wenn auch diskret vorgetragene Kritik muß Abbé Picot, ein Freund Descartes', für seine unseriöse, ja „schludrige" französische Übersetzung der *Principia* einstecken, die er 1647 mit teilweise abenteuerlichen Abweichungen vom lateinischen Original Descartes selbst zur Prüfung vorgelegt hatte.[3] Daß „*Renato*", wie Giuseppa Eleonora ihren philosophischen Helden gelegentlich beinahe zärtlich anspricht, die französische Übersetzung als „sauber ausgeführte" Arbeit weiterempfiehlt, sei eigentlich nur mit dem Interesse Descartes' an Verbreitung und Popularisierung seiner Philosophie zu erklären.

Und wer hellhörig ist für die leisen Töne zwischen den Zeilen, sieht Barbapiccola – trotz aller Begeisterung für das Cartesische System – die publizistische Eitelkeit ihres ansonsten zurückgezogen lebenden *Renato* ankreiden: Zwar erhoffte sich der große Philosoph „vom französi-

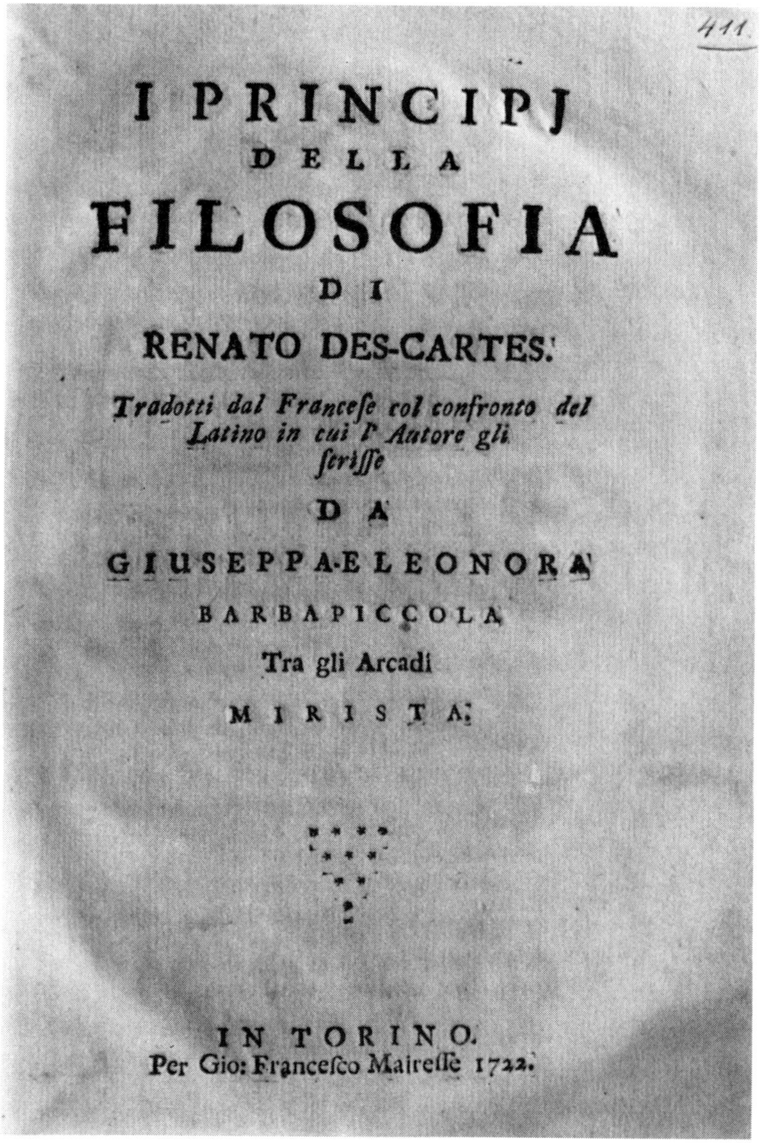
411

I PRINCIPJ
DELLA
FILOSOFIA
DI
RENATO DES-CARTES.
Tradotti dal Francese col confronto del Latino in cui l' Autore gli scrisse
DA
GIUSEPPA-ELEONORA
BARBAPICCOLA
Tra gli Arcadi
MIRISTA.

IN TORINO.
Per Gio: Francesco Mairesse 1722.

Abbildung (11)
Frontispiz von Giuseppa Eleonora Barbapiccolas
Descartes-Übersetzung, 1722.

schen Text ein besseres Verständnis des Inhaltes und eine zahlreichere Leserschaft".[4] Da sie selbst „aber bezweifle, daß die Gewässer eines Nebenflusses" – womit natürlich dem guten Abbé Picot ein weiterer Nasenstüber versetzt ist – „die Reinheit des Hauptflusses behalten können, zog ich vor, die Cartesische Philosophie in ihrer Originalfassung zu studieren."

In der Tat, die Dame ist verwegen: Posthum (– nämlich präzis zweiundsiebzig Jahre nach jener tödlich endenden Erkältung, die sich Descartes, wie berichtet wird, am Hof der Philosophen-Königin Christine von Schweden zugezogen hatte –) erlaubt sich die kaum zwanzigjährige philosophische Novizin Giuseppa Eleonora Barbapiccola, Descartes an seine eigenen *Prinzipien* der Klarheit, Redlichkeit und Deutlichkeit auch in Sachen „Übersetzung" zu erinnern.

Galileis Wunden

Doch den entscheidenden Mut beweist Barbapiccola im Umgang mit der spezifischen Kolorierung der Ideengeschichte in Italien. Auch 1722, bald ein Jahrhundert nach dem Galilei-Prozeß von 1633, sind dessen schwerwiegende Folgen noch nicht ausgestanden. Descartes selbst hatte, wie er im November 1633 von der Verurteilung Galileis erfuhr, aus durchaus nachvollziehbaren Gründen zum – für den Begründer der „neuen Methode" doch etwas kleinmütigen – Mittel der Selbstzensur gegriffen. Einige Passagen der *Principia* sind mit dem Ziel überarbeitet, einen offenen Konflikt mit der katholischen Kirche zu vermeiden. Auf das Galileische *E pur si muove*! folgt gewissermaßen als Cartesischer Abzählvers ein *Forse sì – Forse no*? Dennoch: Descartes wird in Italien, wenn auch dreizehn Jahre nach seinem Tod, trotzdem die Ehre zuteil, auf den publizistisch allemal wirksamen *Index* gesetzt zu werden.

Es dürften präzis diese Rahmenbedingungen sein, die erklären, weshalb die erste Übersetzung der Cartesischen *Principia* in Italien ganze achtundsiebzig Jahre auf sich warten ließ. In Frankreich reichten bescheidene drei Jahre für denselben Sensibilisierungsprozeß aus; 1722 gilt Descartes den Franzosen schon als Nationalheld im Denken. – Doch zurück zu Italien. Im Vorwort wird transparent, daß die junge Neapolitanerin

Abbildung (12)
Giuseppa Eleonora Barbapiccola, genannt „Mirista".
Portrait von Francesco de Grado.

weiß, welche dogmatische *Crux* sie mit ihrer Übersetzung – die ja immer auch Verteidigung des sprachlich transponierten Werkes ist – auf sich nimmt.

Diese Apologie weiß ebenso um ihre wissenschaftliche Verpflichtung. Mit Fug kann man Barbapiccolas *Principia*-Übersetzung als vorbildlich bezeichnen. Nicht nur, daß die französische Übersetzung immer kritisch mit dem lateinischen Original „konfrontiert" wird. Vor allem unterstützt die Nähe des italienischen *Volgare* zum Latein, so Barbapiccola, „meine Bemühungen um eine hohe Wiedergabetreue".[5] Giuseppa Eleonora achtet zudem auf eine der lateinischen Fassung korrespondierende Paginierung sowie auf vollständige Wiedergabe und identische Placierung der Illustrationen sowie deren Wiederholungen. Als Kriterium für die Vorbildlichkeit darf zudem auch die Qualität der Graphiken gelten; sie sind vom selben Kupferstecher, der auch das Titelkupfer Barbapiccolas anfertigte: Gestochen scharf und ohne „Abkürzungen" bis ins Détail präzise ausgeführt. In der französischen Übersetzung von Picot sind gerade die Druckgraphiken äußerst mangelhaft, sowohl in der Qualität als auch in der Placierung: Sie stehen nicht als Erläuterungen am konvenierenden Ort im Text, sondern vielmehr als zufälliges Sammelsurium am Schluß. Nicht genau ersichtlich ist allerdings die Vorlage; vermutlich handelt es sich um die dritte lateinische Ausgabe von 1656.

Aber nicht genug damit, daß sie das Cartesische Denken gegen die katholische Kirche in Schutz nimmt. Barbapiccola versucht sich zudem in einer Kritik an der Christianisierung der antiken Philosophie. Sie empfiehlt eine ideologische Entkrampfungsübung in Sachen zeitgenössischer „Klassiker"-Interpretation; handle es sich nun um Platon, Aristoteles oder gar um epikureische Texte. Schluß mit den scholastischen *opiniones*! Schluß mit den überkommenen, unreflektierten Meinungen über eine Sache! Nicht Avicenna oder Averroës, auch nicht Albertus Magnus oder gar Thomas von Aquin, sondern – wenn schon – Aristoteles selbst. Zurück zu den Texten und weg von der autoritären Gestik der „großen" Interpreten! Denn – so Barbapiccola in einer Zeit, in der der philosophische Diskurs die Dimensionen eines akademischen *Grabenkrieges* mit zuweilen letalen Folgen angenommen hat – es könne „leicht passieren, daß solche Kommentatoren, teils aus Feigheit, teils aus Hartnäckigkeit, die Aussagen ihres geliebten Lehrers für unfehlbare Dogmen oder gar Orakel halten, oder als ob sie Evangelien wären ...".[6]

Das solchermaßen entwickelte Argument der Redlichkeit macht auch die Klarheit und Stärke ihrer Descartes-Verteidigung aus: Bevor die katholische Kirche die Meinung verbreite, die Cartesische Philosophie stünde nicht in Einklang mit den „Dogmen der heiligen Religion", solle die Kirche selbst Descartes „ohne jegliches Vorurteil" studieren. Und frech setzt die junge Dame hinzu: Die beste Art der Widerlegung einer Irrmeinung sei noch immer, einer Sache von Anfang an nachzugehen, anstatt sie zu diskreditieren oder gar zu verbieten.

Philosophiegeschichte als Kriminalstück

Dennoch: Barbapiccolas Descartes-Apologie ziert keineswegs die Bestsellerlisten, trotz Selbstbewußtsein, präziser Übersetzungsarbeit und wohldosiertem philosophischem Sprengstoff. Die Übersetzung scheint auf ein äußerst geringes Interesse gestoßen zu sein. Das läßt sich aus dem heutigen *Rarissimum*-Status des Werkes schließen. Einzig im *National Union Catalogue*, Standard-Nachschlagewerk für Ereignisse in der Welt der Bücher, findet sich ein winziger Eintrag, demzufolge die *University of Illinois* im Besitz des Kuriosums sein soll. Das mir vorliegende Exemplar stammt aus einer gepflegten Privatbibliothek.[7] In öffentlichen Bibliotheken Europas und Italiens scheint es keine Nachweise zu geben; ein wissenschaftlicher Mitarbeiter der an der Universität Turin domizilierten *Studi Francesi* versichert brieflich, das diskutante Werk sei unbekannt.

Weswegen diese akademische Findelkindgeschichte? Interessierte man sich in Italien nicht für den Begründer des neuzeitlichen Skeptizismus? Ist der radikale Zweifler im Land päpstlicher Unfehlbarkeitsansprüche *persona non grata*? Oder sind die *Principj della Filosofia* vielleicht ganz bewußt, wegen der 1722 noch immer existenten Kollisionsgefahr mit der Kirche, gar nicht öffentlich erhältlich? Gut möglich auch, daß nur eine kleine Auflage für eine eingeschworene Descartes-Gemeinde gedruckt worden ist.

Was sich zunächst wie eine der üblichen Erzählungen über vergessene oder marginalisierte Bücher anläßt, öffnet bald vielschichtige Facetten; ein Stück Philosophiehistorie wird zur Kriminalgeschichte. Wer eigentlich war diese unbeirrbare „Kleinbärtige"? Wie kommt sie zu Descartes? Und weshalb ist das Buch offensichtlich in Neapel und nicht in Turin, wie das Frontispiz versichert, gedruckt worden? Und was darf man sich unter *Mirista* vorstellen?

Bruchstücke einer Biographie

Es beginnt die philosophische Spurensicherung. Das Fahndungsprofil: Wer kennt einen entschiedenen Descartes-Fan weiblichen Geschlechts mit approximativem Jahrgang 1702; mindestens des Griechischen, Lateinischen, Französischen und des italienischen *Volgare* kundig; von selbstsicherem, dennoch nicht unhöflichem Auftreten; klarer, dunkeläugiger Blick; Wohnort vermutlich Neapel? – Erste Antworten finden sich in einem italienischen Schriftstellerlexikon von 1758.[8] Dort nehmen wir zur Kenntnis, daß Barbapiccola eine Nichte des zelebren Dominikaners Tommaso Maria Alfani gewesen sei und „im Jahre 1729" gelebt habe. Die genauen Daten der Vita sind nicht bekannt. Neben ihrer Mehrsprachigkeit wird – endlich – der volle Titel ihrer Descartes-Übersetzung zitiert, nicht ohne den Hinweis, die Dame habe sich damit „in der Literatenrepublik" einen guten Namen gemacht. Zudem weiß der Verfasser des Artikels, daß der „wahre Druckort" des Werkes nicht Turin, sondern Neapel gewesen sei. Im übrigen verteidige sich die brave Barbapiccola mutig gegen die Vorwürfe, „jene Philosophie" zu sehr verbreitet und sich damit „scheinbar" von den *Principij della Cattolica Religione* entfernt zu haben.

Ein weiterer Eintrag findet sich in einem Handbuch unseres Saeculums.[9] Barbapiccola wird vorgestellt als beste Freundin von Luisa Vico, Tochter des neapolitaner Geschichtsphilosophen Giambattista Vico, der allerdings die Gruppe der Descartes-Opponenten stärkt. Dennoch scheint im Vicoschen Hause ein liberaler Geist zu herrschen; just aufgrund ihrer Descartes-Übersetzung – „ein rares Druckwerk" – haben sich dessen Pforten für Giuseppa Eleonora geöffnet. Mit dem Hinweis auf Vico ist die entscheidende Spur gefunden. In der *Bibliografia vichiana* findet sich denn auch noch eine Nachricht über zwei Gedichte der Barbapiccola, gedruckt um 1730 in Florenz. Danach allerdings verliert sich jeder Hinweis; auch derjenige auf ein Todesdatum.

Auch die Frage der fingierten Druckortangabe scheint sich aufzulösen: Wo im 1722 noch immer aufklärungs-retardierten Italien eine häresieverdächtige Descartes-Übersetzung gedruckt werden kann, muß eine liberale Zensurpolitik herrschen. In Neapel, späteres Zentrum der italienischen Aufklärung, sind diese Rahmenbedingungen viel progressiver, als im konservativ regierten Turin. Gelegentlich scheint der Druckort Neapel für Italien – wenn auch im Kleinen – eine ähnlich Funktion wie etwa Amsterdam für Paris gehabt zu haben. Die fingierte Druckortangabe „Torino" dürfte damit den neapolitanischen Verleger geschützt haben.

Cherchez la femme!

Wo aber ist der denkerische Rückhalt Barbapiccolas? Ihre Jugend und ihr spürbares gesellschaftliches Talent porträtieren sie kaum als Autodidaktin, geschweige denn als frühe intellektuelle Autistin. Und wer mit kaum zwanzig Jahren schon ein „Zurück zu den Texten!" anstimmt, braucht einen entsprechenden *basso continuo*. Den findet sie in den expliziten Zielen einer weiteren Unbekannten in diesem philosophischen Verwirrspiel: Nämlich der *Accademia Arcadia*; einem 1690 gegründeten Kreis von Sprach- und Poesiereformatoren, quasi am Konvergenzpunkt von italienischem Neohumanismus und von Frankreich inspirierter Frühaufklärung. Auch hier heißt es: Zurück zu den Quellentexten!

Und wo sind die Bezugspunkte zu Descartes? Ganz einfach (und einmal mehr: *cherchez la femme*): Die prominente Descartes-Schülerin Christina von Schweden, mittlerweile Ex-Königin und einige Jahre nach dem Tod von Descartes nach Rom übergesiedelt und zum Katholizismus übergetreten, pflegt in ihrem Römer Palazzo einen bunten Zirkel von Poeten, Wissenschaftern und Philosophen beiderlei Geschlechts zu versammeln, die sich später zur *Accademia Arcadia* formieren werden. Ihr Ziel: Erneuerung des gesamten Wissens, „Authentizität" anstelle von „Verzierungen" und verfestigten Lehrmeinungen. In ihrer Struktur war die *Arcadia* eine wahrhafte Literatenrepublik mit turnusgemäß gewähltem Präsidenten und demokratischer Verfassung. Unnötig zu erwähnen, daß Frauen gleichberechtigt partizipierten. Sozusagen als Marginalie findet sich auf Seite drei von Barbapiccolas *Brief an die Leser* eine

Bemerkung, wonach „zu unserer Zeit sich viele Frauen in der berühmten *Accademia d'Arcadia* und in der nicht weniger bekannten *Accademia di Francia* einen Namen gemacht haben.“ Jedes Mitglied schrieb unter einem – meist ländlich inspirierten – Arkadiernamen. Giuseppa Eleonora Barbapiccola ist die „Mirista“; die Frontispiz-Zeile „*Tra gli Arcadi Mirista*“ damit entschlüsselt. Und so rundet sich die noch immer bruchstückhafte Biographie mit dem charmanten Hinweis auf eine „myrtenblättrige“ Eleonore ab.

La raison n'a point de sexe

Dennoch: Was taugt der Cartesianismus in Sachen Geschlechterdifferenz? Ist Descartes ein klandestiner Damenphilosoph? Man würde diese Fragen nicht stellen wollen, entsprächen sie nur den eingeschliffenen Ritualen eines in unseren Tagen leicht penetrant gewordenen Feminismus. Doch Barbapiccola stellt – und beantwortet sie gleich selbst.

Sie möchte nicht, so die junge Giuseppa, daß jemand sich veranlaßt fühlte, die weibliche Übersetzerin an die traditionell weiblichen Beschäftigungen zurückzubinden, wie etwa in der *Ilias*, „wo Hector nichts Besseres in den Sinn kommt, als Andromache auf ihre Spindeln und Webarbeiten zu verweisen.“[10] Und überhaupt sei es lächerlich, Mädchen nur auf den Katechismus, Näharbeiten, Singen, Tanzen, ordentliches Knicksen und Kleiderordnungen entlang der wechselnden Moden zu dressieren. Schließlich gäbe es bei den Frauen genau so viele oder wenige, die einen klaren Verstand besäßen, wie bei den Männern.

Damit ist ein Argument des Fundamental-Cartesianers François Poulain de la Barre gefallen, der 1674 in einer Schrift des Titels *De l'égalité des deux sexes* die Cartesische Scheidung zwischen *res cogitans* und *res extensa* auf die Spitze treibt: Von der körperlichen könne keineswegs auf eine verstandesmäßige Geschlechterdifferenz geschlossen werden. „*La raison n'a point de sexe*“. So die Konklusion Poulain de la Barres; *clare et distincte*, als sei sie von Descartes, dem Meister, selbst deduziert.[11]

Descartes ist ein Philosoph *aux femmes*. Und Barbapiccola tritt den Beweis an. Auf acht Seiten präsentiert sie eine imposante Nomenklatur gelehrter Frauen von der Antike bis in die Gegenwart, unter denen

Giovanni Boccaccios immerhin hundertsechs *mulieres clarae* nur einen bescheidenen Teil ausmachen; – Boccaccio, der gewiß nicht nur das *Dekameron* geschrieben hat.[12] Und sogar Anna Maria Schürmann, die im Schatten der großen Madame Dacier stehende Deutsche, ist ihr geläufig. Abgeschlossen wird der Katalog mit Elisabeth von der Pfalz und Christine von Schweden, beide gleichzeitig Gönnerinnen und Schülerinnen von *Renato*.

Barbapiccola 1722: „Ich meinerseits habe daraufhin Lust bekommen, die *Principia* ins Italienische zu übersetzen, damit dieses Werk vor allem bei den Frauen noch mehr bekannt werde".[13] Denn „Renato hat in einem Brief selbst geschrieben, daß die Frauen sich für das Studium seiner Philosophie besser eigneten als die Männer." Hier muß man ergänzen: Als positive Kehrseite mangelnder weiblicher Schulbildung gilt für Descartes – wie übrigens auch für Christian Thomasius und für Gottfried Wilhelm Leibniz – die damit verbundene weibliche Vorurteilslosigkeit *in litteris* und natürlich vor allem die Absenz scholastischer Lehrmeinungen. Mit der genannten Epistel spielt Barbapiccola zudem nochmals auf die illustre Beziehung zwischen Elisabeth von der Pfalz und Descartes an. Elisabeth, Tochter des Königs von Böhmen, war die Adressatin des Widmungsschreibens der *Principia*; ihr hatte Descartes, so Giuseppa Eleonora weiter, „sein Werk gewidmet, da er meinte, sie sei die einzige, die bis dahin seine Philosophie wirklich verstanden hatte."

Cartesische Philosophie also als Damenphilosophie? Weswegen nicht? Schließlich präsentiert die „Neue Philosophie" auch eine Wiedererinnerung an eines der ältesten Prinzipien des Philosophierens; nämlich an dasjenige der Voraussetzunglosigkeit. „Wir sollten also die Cartesische Philosophie so lesen, wie Descartes es selber wünscht, nämlich anfangs wie ein Märchen und allmählich wie eine ernst zu nehmende Verkettung von Argumentationen."[14]

Descartes' Märchenphilosophie hat Anklang gefunden, gerade bei den Damen. Einzig seine Vorstellung von den wie Uhrwerke organisierten Tieren begeistert nicht. In diesem Punkt präferieren die Damen den großen Leibniz. Wir erinnern uns an die Herzogin Elisabeth Charlotte von Orléans, die *contra* Descartes meinte, daß dessen Vorstellung von Tieren, die wie Uhrwerke aufgezogen werden müssen, doch ziemlich „abgeschmackt" sei. Ergo: Eine Philosophie hat auch auf ihre außerphilosophischen Valenzen zu achten. Bei den Tiernärrinnen hat Descartes' Tier-Maschinenlehre wenig Chancen.

Das allerdings kümmert Barbapiccola nicht. Ihr Métier ist das Übersetzen. Und *tradurre* heißt schließlich auch: hinüberführen, verständlich machen, den Diskurs ermöglichen. In der Ordnung des Denkens gewiß keine sekundäre Tätigkeit, sondern *conditio sine qua non*.

* * *

Womit wir Descartes verlassen und uns einer grundsätzlicheren Frage zuwenden; nämlich derjenigen, ob zu gewissen Zeiten die Metaphysik den Damen gewissermaßen *häppchenweise* eingetrichtert werden sollte. Dies wird traktiert im nächsten Capitulum.

Siebentes Kapitel

–

worinnen die Herren Manteuffel & Wolff die philosophierenden Damen als Werbeagentur fürs Wolffsche System entdecken & der Prototyp einer Damenphilosophie zur moralischen Besserung der Männer entworfen wird.

Wer Philosophie praktisch werden lassen will, wer also die Sätze der großen ethischen Entwürfe in – wenigstens kleine – moralische Handlungen transformiert sehen will, hat wohl den anstrengenderen Teil der Philosophie noch vor sich. Trotz seines vernünftig-spröden Rufes hat gerade das achtzehnte Jahrhundert in seinen Aufklärungs- und Erziehungsabsichten diesen anstrengenden Teil ernst genommen. Daß einzelne seiner Protagonisten dabei gelegentlich zu überraschenden Mitteln gegriffen haben, mag in der Tat erstaunen, allerdings nur jene Zeitgenossen, die den andern, unverschulten und denkexperimentierfreudigen Strang dieses Jahrhunderts vorschnell zusammen mit dessen schulisch-trockenem Rationalitätsgestus zur Seite schieben wollen. Jedenfalls, so meine These, sind sich einzelne vorurteilsminimierte Köpfe des achtzehnten Jahrhunderts durchaus der wichtigen Funktion von Frauen als menschliche Transformationsanlagen *in metaphysicis* bewußt. Holzschnittartig formuliert geht es darum, ethische „Großkonzepte“ über die philosophische Vermittlertätigkeit von Frauen erfolgreich in das etwas modestere Format moralischen Alltagshandelns zu transformieren. Aus einem akuten philosophischen Vermittlungsbedürfnis der Zeit entsteht dabei – gewissermaßen als Marginalie schulphilosophischer Großprojekte – die noch immer etwas anrüchige Spezies Damenphilosophie. Soweit ist also noch nichts Neues gesagt. Und trotzdem will ich in den folgenden zwei Kapiteln, eher narrativ und thetisch, die Konturen dieses männerpädagogischen Konzeptes einer Damenphilosophie im achtzehnten Jahrhundert nochmals nachzeichnen. Diesmals allerdings aus einer Art philosophischer Vogelperspektive. Was etwa bedeuten will, daß in diesem Kapitel kritisch die Frage gestellt wird, was denn eigentlich die Philosophen veranlaßte, sich – wie meist festzustellen – durchaus freundlich gegenüber den philosophisch unternehmungslustigen Frauen zu verhalten.

Über die philosophischen Lüste der Damen

Christian Wolff, bekannt als ubiquitärer philosophischer Experte *Vernünftiger Gedanken* über Gott, Welt und überhaupt die gesamte menschliche Gesellschaft,[1] schreibt im Mai 1738 an Georg Ernst Graf von Manteuffel,[2] seinen ihn *in philosophicis* mit väterlichem Rat beistehenden Brieffreund: „Da ich vernehme, dass auch hin und wieder die Dames zu philosophieren Lust gewinnen, könnte ich ihnen einen sehr grossen Dienst tun, wenn ich für sie eine Philosophie schriebe ..." Hinter der Generosität Wolffs, den Damen einen Dienst erweisen zu wollen, steckt allerdings eine viel grundsätzlichere Überlegung. Die für Wolff unkritisch bestehende Eigenheit der geistigen Natur der Frauen bringt es mit sich, daß jedes philosophische Unternehmen, das sich an Frauen wendet, sein Reüssieren vor allem der Befolgung zweier Punkte verdankt: *erstens* der Fähigkeit eines – unbestritten männlichen – Autors, seine damenphilosophischen Ausführungen an die spezielle Geistesart und -kapazität der Frauen anzupassen, ohne aber, so *zweitens* die zentrale pädagogische These, die Frauen merken zu lassen, daß sie belehrt werden.

Folgerichtig führt Wolff sein Projekt weiter aus: Da die Damen bei der Lektüre einer geschickt abgefaßten Spezialphilosophie für das weibliche Geschlecht „die ihnen nützlichen Begriffe gleichsam aus sich selbst und von sich selbst durch den Gebrauch ihrer Kräffte herauswickelten", hielten sie auch „alles für ihre eigene Gedancken ..., die ihnen einkämen".[3] Auch Kant hat dieser genuinen weiblichen Belehrungsrenitenz in seinen *Beobachtungen über das Gefühl des Schönen und Erhabenen* philosophierenden Tribut gezollt: Frauenzimmer sind bei ihm bekanntlich aller Befehle „unleidlich" und vor allem tun sie etwas nur darum, weil es ihnen so beliebt, das heißt, sie handeln nach dem Lustprinzip. Das allerdings bringt es wiederum mit sich, daß die Kunst der Männer darin bestehen soll, „zu machen, daß ihnen [den Damen] nur dasjenige beliebe, was gut ist.“[4]

Zwei Punkte sind mir hier wichtig: Damen scheinen, *erstens*, gelegentlich von der Lust am Philosophieren befallen zu sein. Unstetig wie sie aber nicht nur in ihren Lüsten sind – man werfe nur einen Blick auf die zeitgenössische Anthropologie des Weiblichen –, braucht es, *zweitens*, eine pädagogisch auftretende männliche List, um der projektierten Damenphilosophie auch das nötige Fixativ und die angemessene Seriosität zu verleihen. Eine *dritte* Frage, die wichtigste scheint mir, stellt Wolff hingegen nicht. Die Frage nämlich, weshalb und zu welchem Ende nun plötzlich die Frauen einer speziell für sie kreierten Damenphilosophie bedürfen, nachdem sie über Jahrhunderte offenbar ohne philosophische Bildung glücklich geworden sind (oder, wer weiß, vielleicht doch mit dem diskreten Charme männlich-intellektueller Definitionsgewalt von der Philosophie ferngehalten wurden).

Wider die Barbarei der Männer

Unbeschadet derartiger Überlegungen schreitet das Wolffsche Damenphilosophieprojekt munter voran. Der scharfsinnige Manteuffel sieht sofort das Spezifikum der Wolffschen Gelegenheitsskizze. Sozusagen postwendend schreibt er an Wolff, er, Manteuffel, wage die Prognose, daß neben Wolffs *Natürlicher Theologie* dieses Damenphilosophieprojekt sein bisher profitabelstes werden könne. Und zwar nicht nur in Betracht der zur Philosophie geführten Damen, sondern gerade im Blick auf eine gesamte Verbesserung der menschlichen Gesellschaft. Denn, so Manteuffel, das weibliche Geschlecht habe großen Einfluß, ja geradezu Gewalt über den größten Teil der Männer. Und insbesondere sei, wenn es um die Moralisierung der jungen Leute gehe, der konkrete Einfluß der Frauen gar nicht zu überschätzen. Das ganze Projekt *Damenphilosophie* könne also, im Hinblick nicht auf die Frauen, sondern hinsichtlich des räsonablen Effektes auf die männliche Jugend, phantastische pädagogische Erfolge zeigen. Im Originaltext tritt diese gesellschaftsmoralisierende Funktion der Frauen denn auch deutlich zutage: „Dieses Geschlecht [das weibliche] hat sehr viel Einfluß auf die Mehrheit der Männer, aber vor allem auf die jungen Leute. Wenn man daran arbeitet, das weibliche Geschlecht zur Vernunft zu führen, bedeutet das, indirekt auch das unsere dahin zu führen..."[5]

Ob aber die Damenphilosophie letzlich nicht mehr als eine banale *Weiberphilosophie* sei? „Es ist wahr", meint Manteuffel, „daß das gewissermaßen bedeuten könnte, die Philosophie hinter das Spinnrad fallen zu lassen. Aber was soll's?"[6] Unverschnörkelt pointiert Manteuffel: Der Umweg über die Damenphilosophie sei deshalb lohnenswert für den männlichen Teil der Gesellschaft, weil damit zwar indirekt, aber mit viel besserem Erfolg als bisher, eine Hinführung der Männer zur Vernunft, kurz; eine Moralisierung des ganzen männlichen Geschlechts bewirkt werde. Folgt man Manteuffel, ist diese Moralisierung denn auch dringend nötig. An die Elogen über die Nützlichkeit der Damenphilosophie schließt immediat eine beredete Klage über die grassierende intellektuelle „Barbarei" der Männer („*un deluge de barbarie*") und den elenden Zustand ihres Verstandes an. Von dieser intellektuellen Barbarei sind die Frauen bemerkenswerterweise ausgenommen; ein Umstand, der sie – unverbraucht und unkompromittiert, wie sie sind – zu Hoffnungsträgerinnen und Therapeutinnen einer kranken Gesellschaft prädestiniert. Feminisierung der Gesellschaft im achtzehnten Jahrhundert über die Damenphilosophie ist also angesagt. Als Parallele zur gesellschaftlichen Lage zu Ende des zwanzigsten Jahrhunderts könnte etwa direkt auf die Berliner Sozialwissenschafterin Christina Thürmer-Rohr verwiesen werden: „Weiblichkeit als Putz- und Entseuchungsmittel", lautet ihr lakonisch-kritischer Befund.[7]

Ganz so schlimm fällt die Diagnose Manteuffels allerdings nicht aus. Es handelt sich ja schließlich um die Unterstützung eines Wolffschen Projektes, das vielleicht – wäre es wirklich zur Ausführung gekommen – von uns Heutigen unter dem Titel *Vernünfftige Gedancken über die Verbesserung des männlichen Verstandes durch philosophierende Frauenzimmer* auch noch historisch-philologisch hätte aufgearbeitet werden können. Doch ich greife vor.

Um zu meiner Ausgangsthese zurückzukommen: Wolff erkennt die eminent wichtige Transformatoren- und Vermittlerfunktion der Frauen; denn sie sind es, die die Sätze und Prinzipien der Großen Ethiken in die kleine Alltagsmoral zu transformieren wissen. Zudem sei ihr distinktives Vermögen, was denn nun wirklich gut und was moralisch verwerflich sei, viel sicherer und ausgeprägter als dasjenige der von der intellektuellen Barbarei infizierten Männer. Den Weg der Transformation von moralischen Normen in Alltagshandeln über den Durchlauferhitzer namens Damenphilosophie schildert Manteuffel unverbrämt und anschaulich: Sie, die Frauen, würden die von ihnen vermeintlich selbst gefundenen Inhalte ihren Männern, ihren *Galans* und ihren Kindern weitervermitteln. „In einem Wort: die Frauen in einen Zustand zu bringen, in welchem sie das Gute und das Wahre erkennen, das bedeutet, ich wiederhole, es gleichzeitig auch den Männern beizubringen; das bedeutet, unvermerkt das ganze menschliche Geschlecht zu erziehen.“[8]

Metaphysik häppchenweise

Bei Wolff und Manteuffel zeigt sich die projektierte Damenphilosophie als ein rein *männertherapeutisches* Unternehmen; entworfen von schon vernünftigen für noch vernunft*resistente* Männer. Die Damen spielen Vermittler- und Scharnierfunktion. Metaphysik wird ihnen, wenn überhaupt, nur häppchenweise bewilligt. Häppchenweise insofern, als ihnen eine längere, ‚tiefe' und gründliche Beschäftigung mit Philosophie vom Gewicht etwa des pädagogisch unpräparierten Wolffschen Systems gar nicht erst zumutbar sei. Manteuffel bemerkt denn auch in einem Brief vom September 1738, erfahrungsgemäß degoutiere nichts die Damen und leider auch den Großteil der Herren so sehr, „als die Lektüre eines etwas längeren und differenzierten Räsonnements“. Die Verbindung von Instruktion und *Divertimento* sei deshalb angebracht, auch empfehle er viele kleine Zwischentitel, was die Proportionierung der Philosophie in angemessene Häppchen erleichtere. Gleichzeitig aber wird vor einer Wiederholung des eigentlich frühesten damenphilosophischen Unternehmens gewarnt: Fontenelles *Entretiens sur la pluralité des mondes* von 1686. Zwar sei die Dialogform, die Fontenelle zur philosophischen Instruktion seiner lerneifrigen Novizin gewählt habe, durchaus imitierenswert, aber die doch beträchtliche Anzahl schlechter Dialoge habe längst dazu geführt, daß bei Erwähnung Fontenelles „die Mehrheit der Menschen, die sich auf ihren Geschmack etwas einbildet, gleich zu gähnen beginnt... "[9]

Erstaunlicherweise wird, trotz all dieser pädagogischen Zurüstungen, die Gefahr einer Damenphilosophie als eigentlich minderwertiger Vulgärphilosophie nicht speziell reflektiert. Immerhin: Adressatinnen wie Protagonistinnen der Damenphilosophie stammen ja gerade nicht aus dem *Vulgus* oder der *Plebs*, sondern explizit aus dem adligen Damenstand. Hier ist denn auch die Weiblichkeit durchaus mit einer ‚positiven' Anthropologie konnotiert. Und einmal mehr feiert die Heilserwartung in eine naturgegebene, vorrationalistische, *a priori* ‚gute Weiblichkeit' Hochkonjunktur; nicht erst also in unserer apokalyptischen Abgrundgesellschaft, die das Sein zum Tode als Alltagsrealität zelebriert und neuerdings den Ausgang aus der Endzeiterfahrung in einer als Hoffnungsträgerin überstrapazierten Idee von Weiblichkeit ansiedelt.

Christian Wolff als Aushängeschild

Manteuffel, der eigentliche Ingenieur von Absicht und Inhalt der Damenphilosophie, braucht Wolff vor allem als Philosophen ‚mit Namen'; also mit Bekanntheits- und Öffentlichkeitswert. Ein derart gewagtes Unternehmen, wie es eine Philosophie für Damen gerade im achtzehnten Jahrhundert wieder darstellt,[10] bedarf einer protegierenden Autorität. Wolff besetzt somit im Manteuffelschen Generalplan den wichtigen Part des philosophischen Aushängeschilds, aber er bleibt letztlich doch Sekundant. Vielleicht ist es ebenso auch die Inanspruchname, die explizite Vernutzung der gelegenheitsphilosophischen Damenlüste, (denen Wolff – nach seinen Worten – ja nur dienstbar sein wollte), die ihn am Manteuffelschen hochpädagogischen Damenphilosophieprojekt abschreckt.

Hier jedenfalls, bei der Wolffschen Aushängeschildfunktion, stockt denn auch die Weiterarbeit am Projekt. Wolff, immerhin Begründer *der* philosophischen Schule der Zeit, dürfte mit seiner zum anspruchsvollen Plan verarbeiteten damenphilosophischen Nachmittagslaune sowie mit der ihm darin zugedachten Rolle nicht übertrieben glücklich geworden sein. In seiner Korrespondenz zeigt sich allmählich das schreiblust-

Abbildung (13)
Dame beim Studieren eins dicken, vielleicht philosophischen Kompendiums.
Portraitminiatur von Christian Gottlieb Geyser, 1740–1803.

hemmende Gewicht der philosophischen Auftragsarbeit: Da er mittlerweile diese Arbeit nicht als seine eigene, „sondern als eine, die ich auf Befehl Eurer hochgräfl. Excellenz verrichte, anzusehen habe“ und zudem wisse, daß „Ihro Majestät die Königin von Preussen mein Vorhaben wegen einer Philosophie der Damen allergnädigst approbieren“, verflüchtigen sich die damenphilosophischen Musen. Die Vorarbeiten, von Manteuffel mit paternalistischem Unterton angefordert, kommen nur mühsam voran. Wolff antwortet auf das Drängen seines Briefpartners, endlich an die konkrete Abfassung des Projekts zu gehen, mit dem Hinweis auf Überlastung und gesundheitliche Probleme. Darauf entwirft Manteuffel, nun endgültig ungeduldig und verärgert, selbst einen Prototyp der Damenphilosophie, wie er sie verstanden haben will und vor allem: wie sie erfolgversprechend die von ihm eruierten vernünftigen Verbesserungsbedürfnisse der Männergesellschaft abdecken soll. Ich möchte diese Matrix der Damenphilosophie kurz skizzieren, weil ich meine, daß sie exemplarischen Wert hat:

Der Prototyp der Damenphilosophie

enthält elf Punkte:

1. muß sie in Briefform, als philosophische Korrespondenz abgefaßt sein. *Ergo*: Die Briefform konveniert den Damen. Die Initiative für den Briefwechsel selbst müsse von einer adligen Dame ausgehen. Da diese Dame in Realität schwer zu finden sei, empfiehlt sich die literarische Fiktion. Die fingierte Dame müsse einem bekannten Philosophen – in diesem Falle Wolff selbst – ihr Bedürfnis nach philosophischer Instruktion mitteilen; Wolff aber müsse zunächst sein Erstaunen über das Anliegen äußern. *Ergo*: Philosophische Beschäftigung bei Frauen ist unüblich, auch in den Augen des Verfassers der Damenphilosophie.

2. Die Dame sollte sich beim Angeschriebenen für die Freiheit, die sie sich genommen habe, entschuldigen, indem sie artig mitteile,

3. daß sie Tochter eines seiner Bewunderer sei, welcher bei ihr auch die Lust geweckt habe, die philosophischen Werke des Angeschriebenen zu lesen. *Ergo*: Eigene, nicht vermittelte Lust zum Philosophieren bei Damen verletzt die etablierten Rollenkonventionen.

4. Zudem hätten ihr Freunde geraten, wenn sie sich schon mit Philosophie befassen wolle, so mit einem gründlichen deutschen Autor. *Ergo*: Eine deutsche Metaphysik konveniert empfindlichen und pädagogisch noch zu stabilisierenden Damengemütern besser als eine französische Salonphilosophie.

5. Nun habe sie also mit der Lektüre der französischen Übersetzung einer deutschen, das heißt der Wolffschen Logik begonnen, in der festen Überzeugung,

6. diese Lektüre ordne ihren Verstand und ihre Gefühle („*pour rectifier son esprit et ses sentimens*"). *Ergo*: Verstand und Gefühl der Damen sind vor ihrer logischen Bearbeitung in Unordnung.

7. Die Dame finde die vorgefundenen Prinzipien der Logik ebenso vernünftig wie evident („*sensez et evidens*"), aber

8. sie scheitere praktisch jedesmal, wenn sie von ihnen Gebrauch machen wolle. *Ergo*: Sie kämpft also ebenfalls mit der Übertragung philosophischer Prinzipien in menschliche Praxis.

9. Nachdem die Konsultation ihres Vaters und ihrer Philosophenfreunde vergeblich gewesen sei,

10. habe sie sich entschlossen, sich direkt an ihn, also Wolff, zu wenden. *Ergo*: Nur ein philosophischer Fach-Mann kann die Fragen der Dame beantworten. Sie wolle ihn fragen, ob er seine Lehre nicht etwas mehr an das intellektuelle Niveau der Frauen anpassen könne, da Frauen von Natur her flüchtiger und ungeduldiger seien als die Mehrzahl der Männer („*naturellement plus superficielles et plus impatientes que la plus-part des hommes*"). *Ergo*: Indem er sie einer Frau in den Mund legt, gibt Manteuffel die genuin männlichen Vorurteile defizienter weiblicher Verstandesbefähigung als allgemeingültige – und auch von Frauen – unhinterfragbare gesellschaftliche Topoi aus.

11. Die Dame mache diese Anfrage an ihn, den zelebren Wolff, selbstredend nur in der Absicht, das Glück der Gesellschaft zu befördern, denn wenn man den Frauen erlaube, vernünftig zu sein, könne man dank ihnen auch die Männer zur Vernunft hinführen („*...que vous ne parviendrez jamais à rendre les hommes tout à fait raisonnables, tant que le beau Sexe ne le sera pas*").

Hier, aus Manteuffels damenphilosophischem Schlußscholion, möchte ich meine These der Durchlauferhitzerfunktion der Damenphilosophie bei Manteuffel alimentieren. Damenphilosophie bei Manteuffel-Wolff heißt eben, die drängende, undressierte Explosivkraft philosophischen Fragens pädagogisch zu domestizieren. Damenphilosophie heißt ebenfalls, das gesellschafts*moderierende* Moment aus dem möglicherweise gesellschafts*kritischen* Potential der Philosophie herauszusondern und Metaphysik in ihrer Sonntagsschulversion, wohldosiert, über die vermittelnden Köpfe der Damen in die unräsonablen der Männer zu bringen. Über die Philosophie domestiziert werden sollen also letztlich die Männer; die Frauen und damit die Damenphilosophie sind nur mediale Durchgangsstationen.

Zurück zum Briefwechsel Manteuffel-Wolff. Trotz der luziden Vorgabe antwortet Wolff nun nicht mit der Abfassung der vorkorsettierten Damenphilosophie, sondern mit einem modellhaften Antwortbrief an eine fingierte Dame. Der Brief beginnt mit Komplimenten über die kluge philosophische Interessenwahl und die geistige „Penetration" der Dame und führt dann zur Frage einer Spezialphilosophie für Frauen: Niemand wisse besser als sie selbst, daß das Befolgen der Regeln, die die Logik dem Verstand vorschriebe, „nicht anders als durch fleißige Übung erlanget wird". Das verhalte sich – damit sind wir in der philosophischen Gemischtwarenabteilung für Damen – in der Philosophie genau gleich wie beim Tanz oder beim *Hombre*-Spiel. Auch in diesem ersten Lehrbrief exponiert sich der transformative Charakter der Damenphilosophie: Wenn das „weibliche Geschlecht wird anfangen zu philosophieren", so müsse dieser Anfang von denjenigen ausgehen, die „die Geburt und besondere von der milden Natur mitgetheilte Qualitäten distinguieren". Ein derart „erlauchtes Exempel" einer philosophierenden Dame müsse „mehreren Eindruck in die Gemüther der andern machen" als „die gegründetsten Ausdrückungen der subtilsten Weltweisen".[11] Trotz der Verniedlichung: Damenphilosophie kann in ihrer aufklärerischen Breitenwirkung durchaus mit der „subtilsten" Weltweisheit konkurrieren.

Ich möchte nicht weiter auf die Verniedlichungstendenz der Herren Manteuffel & Wolff gegenüber dem philosophischen Interesse der Frauen eingehen. Hingegen scheint mir die – bei Leibniz schon andiskutierte – These weiterhin untersuchenswert, inwiefern das vorgestellte Manteuffel-Wolffsche Unternehmen sich mit den zeitgenössischen popularphilosophischen Tendenzen überschneidet.[12] Es sind vor allem die folgenden vier Punkte, die meines Erachtens diese These stützen:

1. Ziel der Vermittlung von philosophischen Sätzen und Kenntnissen via Damenphilosophie ist eine philosophisch interessierte oder zumindest zu interessierende Öffentlichkeit; das Wohl der Gesellschaft steht im Blick.

2. Es handelt sich nicht um Philosophie von Experten für Experten. Philosophisches Spezialwissen soll – über die Vermittlung besonders interessierter Vertreterinnen des philosophischen Laienstandes – für die Öffentlichkeit, für das ‚Volk' popularisiert und dekantiert werden.

3. Für das Gelingen dieser Popularisierung von Expertenwissen methodisch zentral ist die undogmatische, einfache, intellektuell anstrengungsminimierte, auf Selbstevidenz und leichte Faßlichkeit abstützende Vermittlung. Dabei findet nun plötzlich ein Wechsel in der Wertung der reduzierten weiblichen Verstandesbefähigung statt. Der im Vergleich zum Expertenverstand defizitäre weibliche Verstand erweist sich hinsichtlich der intellektuellen Kapazität der von der Popularphilosophie fokussierten Öffentlichkeit als speziell vermittlungsgeeignet. Als eine Art goldene popularphilosophische Regel kann gelten: Was philosophisch interessierte Frauen übernehmen und verstehen können, ist auch popularphilosophietauglich. Die Damenphilosophie ist Probierstein für die Popularphilosophie.

4. Frauen sind Expertinnen in Fragen der alltäglichen Lebenspraxis. Die Frage, wie bestimmte allgemeine Prinzipien, sei es in der Erziehung, im Hauswesen, im Bereich des Comportements, nützlich und praktikabel gemacht werden können, gehört nach der gängigen Rollenspezifik zum Pflichtenheft der Frauen. Dauernde Praktizierung dieser Aufgaben hat Frauen zu Expertinnen in der Vermittlung von Theorie und Praxis modelliert. Wenn es nun Aufgabe der Popularphilosophie ist, Nützlich-

keit und Praxisbezug der Philosophie für eine interessierte Öffentlichkeit auszuweisen, eignen sich Frauen besonders dazu.

Ich meine also, auch im Manteuffel-Wolffschen Damenphilosophieprojekt deutlich die Konturen einer popularphilosophischen Tendenz der Zeit zu erkennen. Und ich meine zweitens, daß die Damenphilosophie nicht nur einen Sonderfall, sondern geradezu das Fadenkreuz der Popularphilosophie darstellt.

Dennoch ist das Wolff-Manteuffelsche Projekt eben nur Projekt geblieben; Wolff hat den Plan nie ausgeführt. Wo liegen die Gründe? Sicherlich einerseits in der Vielzahl anderer, klassisch philosophischer Projekte und Aufgaben Wolffs. Andererseits, so vermutet auch Ecole, hat sich letztlich der dogmatische Duktus des Wolffschen Systems doch nur äußerst schwer in die beabsichtigte Brief- oder gar Romanform der intendierten Damenphilosophie übertragen lassen. Mit 59 Jahren war es Wolff sozusagen unmöglich geworden, dem eingeschliffenen, schulischen Stil seines Systems die geforderte Leichtigkeit zu geben. Die Wolffsche Damenphilosophie scheitert nicht nur an der erwähnten Problematik der Auftragsarbeit, sondern letztlich an der Versteinerung des Systems, präziser: an der Verschulung der Philosophie selbst, gegen die gerade die Popularphilosophie als Korrektiv angetreten war.

* * *

Doch trösten wir uns. Die Bemühungen der Herren Manteuffel & Wolff sind nicht ganz umsonst gewesen. Im nächsten Kapitel wird den Früchten ihrer Anstrengungen nachgegangen.

Achtes Kapitel

in welchem ein Herr Formey seine ‚Schöne Wolffianerin', ein Fräulein von Knigge ihre ‚Frauenzimmerlogic' & ein Herr C.F.T eine ‚Sittliche Frauenzimmerschule' vorstellen.

‚La Belle Wolfienne'

Die Herren Manteuffel & Wolff sind, wie geschildert, an den harten Konturen der Praxis gescheitert. Hingegen hat ein anderer ihr Projekt umgesetzt. Unter dem Titel *La Belle Wolfienne* erscheint zwischen 1741 und 1753 der sechsbändige Versuch eines philosophischen Romans im Sinne des Wolff-Manteuffelschen Plans. Verfasser und Herausgeber ist Jean Louis Henri Formey.[1] Hauptsächlich des vielversprechenden Titels wegen wurden die sechs Bändchen bald zum bekanntesten Werk Formeys. Schnell allerdings wird das Werk auch vom Ruf begleitet, es sei lediglich ein mißglückter Popularisierungsversuch der deutschen Metaphysik; kurz: eine Vulgarisierung des Leibniz-Wolffschen Systems, wie Ecole im Vorwort des kürzlich edierten Faksimiles schreibt.

In der Tat beginnt der Roman mit dem Besuch eines der Philosophie zugeneigten intellektuellen Müßiggängers auf dem Landsitz einer begüterten Dame von differenziert-preziöser Bildung, die – zentraler Regieeinfall – zwei hoffnungsvolle, anmutige und schuldlos von ihren Eltern separierte Schwestern aufgenommen hat. Kernpunkt der Romanhandlung ist denn auch die moralisch-edukatorische Vervollkommnung der beiden adoleszenten Töchter unter Wahrung ihrer weiblichen Anmut. In der mittlerweile bekannten damenphilosophischen Manier soll den beiden Novizinnen das Leibniz-Wolffsche System auf zuträgliche und ihrem wachen, wenn auch unsteten Geist angemessene Form vermittelt werden. Eine wichtige Nebenfunktion für die Gewichtung der deutschen Schulphilosophie spielt meines Erachtens der Umstand, daß die gesellschaftliche Avantgarde Frankreichs, hier exemplarisch durch Gäste und Bewohner des französischen Landgutes dargestellt, nicht zu den französischen Moralisten oder Materialisten, sondern zur deutschen Metaphysik greift, sobald das philosophische Interesse mehr als nur dem geselligen Konversationsbedürfnis entspricht. (Diese Komponente fand sich schon im Manteuffelschen Prototyp der Damenphilosophie unter Punkt 4.) Ansonsten zieht sich die romanhafte Rahmenhandlung bis zum dritten Teil mühsam und ihre auflockernde Absicht selten einlösend durch eine ziemlich trockene Wiedergabe des Wolffschen Systems.

Eine Beschreibung der philosophischen Inhalte, die sich vor allem in den Anhängen der *Belle Wolfienne* befinden, ergibt etwa folgendes Profil: Die ersten drei Bände stellen, noch vornehmlich in die beabsichtigte Romanform eingebettet, eine Art praeliminarischen Diskurs zur Philosophie und speziell zur Logik dar. Jeweils als Anhänge zu den einzelnen Teilen finden sich ein *Brief über die Unsterblichkeit der Seele*, ein nächster philosophischer Brief *Über die Prästabilierte Harmonie* sowie ein *Discours über die Moral der Chinesen*. Bis hierhin soll also das Wesentliche der Leibniz-Wolffschen Lehre in unterhaltender Kürze vermittelt werden. Die Bände vier und fünf enthalten, nun schon beinahe jeglicher erzählerischer Rahmenhandlung entkleidet, eine zusammenfassende Einführung in die Ontologie, in die empirische Psychologie sowie eine generelle Darstellung der *Prinzipien der Metaphysik*, also wiederum eine Paraphrase des Leibniz-Wolffschen Systems. Band sechs besteht ausschließlich aus einem *Abriss über natürliche Theologie*.[2]

Gelegentlich lockern philosophische Gespräche der Romanhelden und -heldinnen über das gerade Exponierte, sei es die Unsterblichkeit der Seele oder die Prästabilierte Harmonie, den ermüdenden Gang durch die deutsche Schulphilosophie auf. Am Stil zumindest haben auch die französische Konversation und der Versuch, eine philosophierende Salonsprache zu entwickeln, nichts verbessern können. Formey selbst gesteht im Vorwort zum sechsten Band, daß der „blumige Gang", den er dem Roman habe geben wollen, weder der schweren Materie noch seinen Talenten entspräche.[3] Immerhin erlebte das Werk 1752–1760 eine Zweitauflage und soll gar, unter dem Titel *Die schöne Wolffianerin*, ins

Deutsche übersetzt worden sein; meines Erachtens durchaus ein Ausweis der These, daß die Damenphilosophie nicht geringe popularphilosophische Vermittlungsbedürfnisse im achtzehnten Jahrhundert erfüllt hat.[4] Dennoch: Die deutsche *Schöne Wolffianerin* ist nicht die Heldin des gleichnamigen Romans, sondern eine gekürzte und verdolmetschte Übertragung des Leibniz-Wolffschen Systems ins Französische und von dort, nochmals gekürzt, wieder zurück in die sprachliche Normalkondition der deutschen Metaphysik, eben ins Deutsche. Aber auch wenn der schwere Duktus der deutschen Metaphysik allein durch seine Übersetzung ins Französische noch nicht blumenreicher wird: Sicher hatte die *Belle Wolfienne* einen nicht zu unterschätzenden Anteil an der Vermittlung deutscher Metaphysik in Frankreich. Daß eine damenfreundliche Populärversion des Wolffschen Systems übrigens auch in deutschen Landen einem genuinen Bedürfnis entsprach, dürfte Johanne Charlotte Unzer-Ziegler mit ihrem *Grundriss einer Weltweissheit für das Frauenzimmer* zeigen, welcher 1751 in einer ersten Auflage in Halle erschien.[5] Explizit geht Unzer-Ziegler auf „des Herrn B. [Baron] v. Wolfs Logik" ein, mit welcher sie sich schon lange beschäftigt habe. Doch auch hier bedarf die Dame männlichen Beistands, wenn es um die philosophische Tiefenschärfe geht. Immerhin leistete ihr „ein gewisser Freund den verbindlichen Dienst, mir die Baumgartensche Metaphysik, welche ich zu lesen um desto begieriger war, je beliebter sie hier in Halle ist, aus dem Lateinischen ins Deutsche zu übersetzen und mit einigen Erläuterungen und Anmerckungen zu begleiten."[6] Der *Grundriss einer Weltweissheit für das Frauenzimmer* ist durchaus erfolgreich; 1767 erscheint er in zweiter Auflage, ergänzt mit einem zweiten Teil des Titels *Grundriss einer natürlichen Historie und eigentlichen Naturlehre für das Frauenzimmer.*[7]

Fräulein von Knigge und die ‚Frauenzimmerlogic'

Der damenphilosophischen Versuche sind noch einige; ich werde nicht die Möglichkeit haben, sie vollständig auf einer theoretischen Perlenkette aufgereiht zu präsentieren; das Unverschulte der Damenphilosophie soll auch für das Schreiben über die Damenphilosophie gelten. Dennoch: Nicht nur aus Unterhaltungsgründen erwähnenswert scheint mir

Abbildung (14)
Johanne Charlotte Ziegler, verheiratete Unzer.
Portrait aus ihrem *Grundriss einer Weltweissheit für das Frauenzimmer* von 1751.

der damenphilosophische Versuch des Fräuleins von Knigge zu sein. Es handelt sich dabei um einen 1789 in Hannover erschienenen *Versuch einer Logic für Frauenzimmer*. Die Autorschaftsfrage ist – zentrales Merkmal der Damenphilosophie – nicht ganz eindeutig. Dies aus zwei Gründen: *Einerseits* sind Autorinnen gerade im achtzehnten Jahrhundert in der Philosophie eher Schreckenspersonen; eine philosophierende Autorin verstößt gegen das *decorum*, gegen den guten Anstand. *Andererseits* ist, wie ich es oben nachgezeichnet habe, gerade die männerpädagogische Aufbereitung der Damenphilosophie und teilweise auch deren popularphilosophische Vermittlungsfunktion auf eine – wenigstens von außen besehen – weibliche Autorschaft angewiesen.

Das ist auch bei jenem hannöverschen Bändchen in Sedez- beziehungsweise Handtäschchenformat von 1789 der Fall: Einen expliziten Autor oder eine Autorin hat das Werk nicht; hingegen ist es herausgegeben, zumindest laut Frontispiz, „von Philippine, Freyinn Knigge"; also des berüchtigten Freiherrn Adolph von Knigge Tochter. Schon in der Vorrede tauchen – zur Entkräftung des ubiquitären Vorurteils gegenüber philosophierenden Damen – die bekannten Fermente weiblicher Modestiebezeugungen in Sachen Kopfarbeit auf: Es sei gewiß nicht die „Eitelkeit, als Schriftstellerin glänzen zu wollen", die zur Niederschrift dieses „kleinen Werks" geführt habe.[8] Zudem: Damenphilosophie, und das betrifft insonderheit auch das seriöse Geschäft der ‚Logifizierung' der Frauenzimmer, ist eine *kleine Philosophie*, geht also mit einer gewissen Verniedlichungstendenz einher. Nicht die mächtigen und erhabenen Systementwürfe, die großen Prinzipienethiken und Ersten Philosophien, sind Objekte der Damenphilosophie, sondern die in kleine, leicht nachvollziehbare, hübsche Lernschrittchen aufteilbaren Metaphysikchen und Logikchen.

Doch auch die kleinen, niedlichen Metaphysikhäppchen evozieren, sofern von Damen zubereitet und serviert, noch immer eine Neuformulierung des alten Streites um die weibliche Gelehrsamkeit. Auch die *Freyinn* Knigge ist sich dessen bewußt. Sie wisse wohl, „dass Wenige meines Geschlechts wahren Beruf haben können, eine gelehrte Laufbahn zu betreten, und dass am wenigsten ein Mädchen von fünfzehn Jahren [sic!] sich sollte einfallen lassen, ein philosophisches Buch zu schreiben."[9] Sofort folgt denn auch das Geständnis über die wahre Urheberschaft: „Allein das geringste von dem, was in diesen Blättern geschrieben, gehört mir eigen.“ Es sei größtenteils nachgeschrieben, und zwar „nach dem mündlichen Vortrage meines lieben Vaters, in den Stunden des Unterrichts, den er mir widmete.“ Die Niederschrift der *Logic für Frauenzimmer* entspricht damit einer Art Selbstprüfung in Sachen Lernfortschritt: „Um mich zu überzeugen, ob ich den Sinn seiner Belehrungen richtig gefaßt hätte, versuchte ich es, das ganze System noch einmal im Zusammenhange niederzuschreiben und mit Beyspielen zu erläutern.“[10]

Bei Fräulein von Knigge handelt es sich in der Tat um eine damenphilosophische Pionierin und Musterschülerin zugleich. Die Arbeit, so entnehmen wir wiederum dem Vorwort, habe ihr enormes Vergnügen gemacht. Damit bringt die Damenphilosophie letztlich sogar den Aspekt des Vergnügens, der Lust an der Philosophie, in ihre Konturen ein. Aber welche Lust! Sofern es nur darum geht, die Trockenheit logischer Systeme möglichst mit der weiblichen Tugend des Lerneifers zu kurieren, resultiert das Vergnügen nur aus dem Befolg der trockenen Pflicht. Das Werklein der Knigge-Tochter hat in der Tat nicht mehr viel gemein mit der schriftstellerischen Originalität und dem Witz des Freiherrn von Knigge. In der *Frauenzimmerlogic* steht die Ordnung der weiblichen Begriffe denn auch als Lernziel im Vordergrund; ein Lernziel, das nur auf der Folie des grundsätzlich unordentlichen weiblichen Verstandes entworfen werden kann. Alle Frauen sollen, sofern sie wollen, von der Wohltat eines durch die Prinzipien der formalen Logik geordneten Verstandes profitieren können: das ist die Botschaft der *Frauenzimmerlogic*. Evidentermaßen konkurriert eine derartige Damenphilosophie nicht im entferntesten mit der professionellen Schulphilosophie; sie ist *hors concours* und will sich auch explizit so verstanden wissen. Nicht Wissenskonkurrenz mit den Männern, sondern Hilfe und Festigung des rudimentären weiblichen Logos sind angesagt. Freyinn von Knigge expliziert im Vorwort, sie glaube, „es würde andern Personen meines Geschlechts nicht unangenehm noch unnütz seyn, wenn ich den Genuss, welchen mir das Studium der Logic gewährt hatte, mit ihnen teilte.“ Doch zur endgültigen Aufräumaktion in den unordentlichen Weiberköpfen bedarf es des Diktats und der Publikationserlaubnis des Vaters: „Mein Vater gab mir die Erlaubniss zu Herausgabe dieser Bogen ...“[11]

Ebenfalls in Frankfurt erscheint 1766, wiederum im handtäschchengängigen Sedezformat, ein damenphilosophisches Werk mit dem ausdrücklich programmatischen Titel: *Die Frauenzimmerschule oder sittliche Grundsätze zum Unterricht des schönen Geschlechts, wie sich selbiges bey allen Vorfallenheiten in der Welt auf eine bescheidene Art zu betragen habe*?[12] Ebenfalls auf der Titelseite erhalten wir Auskunft über die Lernziele dieser sittlichen Frauenzimmerschule. Sie will beitragen *Zur Bildung eines edlen Herzens und Führung eines klugen Wandels*. Das gepflegte Frontispiz erinnert daran, daß die ästhetische Existenz der Damen nach einer bibliophilen Aufmachung der Damenphilosophie verlangt. Das Titelkupfer zeigt eine Parklandschaft im Rokokostil. Während zwei Männer im Hintergrund die Florette kreuzen, betreiben die Damen Konversation oder noch besser: die weibliche Hauptfigur ist nachdenklich in die Lektüre eines Briefes versunken.

Eine vor-bildliche Aufmunterung also, in die *Frauenzimmerschule* einzusteigen. In der „Vorerinnerung" werden wir darüber informiert, daß der „löbliche Eifer, womit der Hr. Verleger dieser kleinen Moral der Welt dienet", diesmal nicht den Männern, sondern dem „liebenswürdigsten Theile des menschlichen Geschlechts" zukomme. Die „Vorerinnerung" ist mit den Initialen C.F.T. gezeichnet, hinter denen sich ein Carl Friedrich Troeltsch verbirgt. Auch hier stellt sich sofort wieder die Frage nach der Autorschaft des Werkleins, insbesondere, da auf die „Vorerinnerung" des verdeckt bleiben wollenden Autors oder Herausgebers, also Troeltsch, die anonyme „Zuschrift" einer Dame und darauf eine „Vorrede der Verfasserin" folgen. Zuschrift wie auch Verfasserinnenvorrede mögen zwar dem pädagogisch-versittlichenden Konzept einer *Frauenzimmerschule* entsprechen; inhaltlich sind sie jedoch dermaßen unrealistisch, daß die Annahme berechtigt ist, Troeltsch habe das ganze Werk selbst verfaßt beziehungsweise zusammenkompiliert. Immerhin: Gegenüber dem intendierten weiblichen Publikum ist eine ebenfalls weibliche Autorschaft unabdingbar. In diesem Punkt profitieren die Damenphilosophien geradezu von der gesellschaftlichen Usanz, daß schreibende oder gar philosophierende Frauen höchstens anonym oder besser gar nicht in die Öffentlichkeit treten. Das weibliche Autorschaftsverdikt jedenfalls ermöglicht problemlos, anonyme „Autorinnen" oder „Zuschreiberinnen" zu erfinden.

Iac. Andr. Fridrich S. Duc. Wirt. Sculpt. aulic. sc.

Die
Frauenzimmerschule
oder
sittliche Grundsätze
zum Unterricht
des schönen
Geschlechts
wie
sich selbiges bey allen Vorfallenheiten in der Welt auf eine bescheidene Art zu betragen habe?

Zur
Bildung eines edlen
Herzens
und Führung eines klugen
Wandels.

Franckfurt und Leipzig,
bey Tobias Göbhardt,
1766.

Abbildung (15)
Titelkupfer und Frontispiz der
Sittlichen Frauenzimmerschule von 1766.

Nun aber zum Inhalt: In der „Zuschrift an die Fräulein von ***", womit eine sozialprivilegierte weibliche Leserschaft angesprochen wird, gesteht eine unbekannte Dame fortgeschrittenen Alters, sie habe im Laufe ihres Lebens „mehrenteils das Gegenteil von den Sittenlehren gethan". Nach der Lektüre der „gegenwärtigen Lehrsätze" einer erst siebzehnjährigen Autorin allerdings habe sie beschämt die „bisherige Verderbnis" ihrer Sitten eingesehen und sich gebessert. Zudem habe sie sich – man glaubt, eine Damenversion der *confessions* vor sich zu haben – entschlossen, die Lehrsätze der jugendlichen Autorin zu übersetzen. Auch hier wird nochmals das Lernziel der *Frauenzimmerschule* exponiert: Mit der vorliegenden Übersetzung der moralischen Grundsätze habe die reuige Dame erfolgreich ihren „ehemaligen Ekel vor allen ernsthaften Beschäfftigungen" bekämpft. Neben einem allemal tugendhaften Lebenswandel empfiehlt sie der weiblichen Jugend zudem, die Briefe der Madame de Sévigné zu lesen.[13]

Es folgt die Vorrede der ‚Verfasserin': Auch hier fällt die enorme Konstruiertheit einer Handlung auf, welche Lebensnähe als alltäglichen Anknüpfungspunkt für die Leserin ermöglichen soll. Fräulein von ***, so die ‚Verfasserin', sei ihre Nichte und dieselbe hätte bei ihrem Eintritt in die „gesellschaftliche Welt" um den Rat der Tante gebeten, wie sie sich denn aufzuführen habe. „Vor sie habe ich diese Grundsätze abgefasset." Es handelt sich um eine „junge Person von 17 Jahren, voller Reiz, so lebhaft als immer möglich ...". Hier zeigt sich nebenbei ein Konstruktionsfehler der damenphilosophischen Rahmenhandlung. In der „Zuschrift" wird die siebzehnjährige Person als Autorin, in der „Vorrede der Autorin" hingegen als Nichte eingeführt. Damit wird nur die These gestärkt, Troeltsch sei eigentlicher Autor der ganzen *Frauenzimmerschule*. Die weibliche ‚Autorschaft' entspricht somit einem Geschlechter-Quidproquo, einer bewußten Irreführung der weiblichen Leserschaft.

Inhaltlich befindet sich die *Frauenzimmerschule* in der Nähe der moralischen Wochenschriften, die ebenfalls die Botschaft der Tugend und der Versittlichung der Gesellschaft über die zur Sittsamkeit angeleiteten Frauen verbreiten.[14] In einer ersten „Abtheilung" wird neben einem allgemeinen Romanleseverbot eine positive Damenbibliothek entworfen: „Lesen Sie viel, besonders den Rollin, die Sévigné, des Voltaire Schriften, u.a.m.". Im weiteren wird nicht etwa die Zähmung, sondern die gänzliche Unterdrückung der Leidenschaften empfohlen. Auch vom Scherz, sonst eher als genuine Domäne der Damen vorgestellt, wird abgeraten: „Wenn Sie scherzen wollen, so müssen sie witzig scherzen; außerdem geben Sie sich lieber gar nicht damit ab."[15]

In der zweiten „Abtheilung", die „Von der Klugheit und dem Ansichhalten" handelt, wird ein eigentlich weiblicher Tugend- und Untugendkatalog vorgestellt. Neben dem Anraten, fremde Briefe nicht aufzubrechen, werden insbesondere Behutsamkeit, Leidenschafts- und Eifersuchtslosigkeit sowie ein allgemeiner Triebverzicht im Stile: „Mäßigen Sie Ihre Hitze, und nie unternehmen Sie was, bis die Leidenschaft vorbei ist" als Regeln weiblicher Klugheit entwickelt. Der Abschnitt „Von der Wahrheit und Aufrichtigkeit" traktiert das absolute Wahrhaftigkeitsgebot für Damen mit einer Ausnahme: „Erlaubt ist es, manchmal die Wahrheit nicht ganz zu sagen, wenn es die Klugheit erfordert, aber niemals darf man wider die Wahrheit handeln." Sodann erfährt das „artige Wesen" seine Schulung in *bonne conduite*. Der weibliche Seinszweck besteht darin, „daß wir bloss geschaffen wären, anderen zu gefallen, und dass uns diese Absicht in all unserm Betragen leite". Der Abschnitt „Von der Uneigennützigkeit" entwirft – getreu dem mittlerweile bekannten ent-Ich-lichenden Strickmuster weiblicher Sittsamkeit – den Verzicht auf weltlichen Reichtum und empfiehlt stattdessen, das Vergnügen in der Erfüllung der Pflichten und der weiblichen Tugenden zu suchen.

Die Redundanz des immer gleich tugendhaft-selbstverzichtenden Weiblichkeitsideals wird in der dritten „Abtheilung" des Titels „Von der Ehre und dem guten Namen" auch nur leicht durchbrochen. Neben dem erneuten Versuch, mit „Richardson, Hervey, Racine, Madame la Prince de Beaumont, Molière, Gellert, Müller, Wieland" eine positive Frauenzimmerbibliothek zu entwerfen, begegnet endlich eine Einschätzung des Stellenwerts der Philosophie für die Damen: „Man mag sagen was man will, so stehet einem Frauenzimmer besser an, wenn sie von der Wirthschaft nützliche Gespräche unterhält, als wenn sie alle neue Moden kennte, oder von der Philosophie schwätzet".[16] Die Philosophie für Damen hat damit das bemerkenswerte Niveau einer tadelnswerten Modeerscheinung im Widerstreit mit andern, eher textilen Damenmoden erreicht. Vor männlichen „Spaßmachern, Stutzern, Pflastertretern und dergleichen elenden Leuten" habe sich das sittliche Frauenzimmer ebenso in acht zu nehmen wie vor den Gefahren der weiblichen Gelehrsamkeit; im übrigen bestehe die „schönste Gelehrsamkeit eines Frauenzimmers ... in dem Schmucke weiblicher Tugenden.“ Als Ausnahmeerscheinung subsidiärer Natur allerdings kann Gelehrsamkeit bei Frauen tugendhaft sein: „Nur in dem Falle“ wird einem Frauenzimmer geraten, „Künste und Wissenschaften auf eine vorzügliche Art zu treiben, wenn dasselbe eine leichte Gelegenheit dazu, und dadurch mehr Mittel hat, sich zu ernähren.“[17] Die beiden abschließenden „Abtheilungen“ des Titels „Christliche Lehrsprüche aus dem Französischen“ sowie „Vermischte Lehren“ zeigen – neben dem eher ridikülen Hinweis, ihre Autorität aus den Maximen LaRochefoucaulds zu beziehen – geradezu penetrant die redundante Kompilation dieser langweiligen, aber dafür *sittlichen Frauenzimmerschule*.

Aufklärung: zwischen ‚Damenphilosophie' und ‚Sittlicher Frauenzimmerschule'

Ohne schon ein Fazit ziehen zu wollen: Aus dem ehemaligen ‚Damenphilosophieprojekt' bei Wolff-Manteuffeul, so medial und transformativ darin auch der Stellenwert der philosophierenden Damen angesiedelt war, entwickelt sich im letzten Drittel des Jahrhunderts nur mehr noch das anti-emanzipatorische Ideal der *aimable ignorante*, des liebenswerten Dummerchens, das – ohne philosophische Bildung – dennoch die Rolle der gesellschaftlichen Versittlichung über adäquat modellierte Weiblichkeit wahrnehmen soll. Die Internalisierung des dazu erforderlichen Tugendkataloges evoziert einen eigentlich weiblichen Tugend*taumel*, auf dessen Hintergrund die damenphilosophischen Absichten der 30er Jahre bei Wolff geradezu fortschrittlich erscheinen. *Damenphilosophie* und *Sittliche Frauenzimmerschule* widerspiegeln damit getreulich den Gang der aufklärerischen Ereignisse für die Damen: das Oszillieren zwischen emanzipatorischem Anspruch und Restaurierung einer Ontologie weiblicher Rezeptivität.

* * *

Tugendtaumel heißt das nächste Stichwort. Die folgenden Kapitel werden die (meist) männlichen Produktionsgeheimnisse weiblicher Sittsamkeit etwas mehr aus der Nähe betrachten.

Neuntes Kapitel

–

in welchem die Herren LaRochefoucauld, Montesquieu & Kant über die Blumen der Sittlichkeit verhandeln und sich in der Haremsphilosophie versuchen, wobei sie von Lady Montagu korrigiert werden.

Männliches Sittengesetz – weibliche Sitz-Samkeit

Wir wechseln die Brillen. Von der Damenphilosophie geht es zur ‚Männermoral', womit etwas salopp die Frage präsentiert sei, wie es denn männliche Geschlechtssubjekte mit Begründung, Geltung und Anwendung von ethischer Theorie und moralischem Handeln halten, sobald der Universalitätsanspruch – nämlich abstrakt, allgemein und jenseits der Geschlechterdifferenz zu theoretisieren – nicht mehr gelten kann. Ein Durchgang durch den Tugenddiskurs des achtzehnten Jahrhunderts allerdings bringt einschlägige, wenn auch ungewohnte Einsichten. Männliches Sittengesetz – weibliche Sitz-Samkeit: das ist die Konklusion der Ethik, auf die Geschlechterdifferenz fokussiert. Ich gebe zu: Auf den ersten Blick mag es vielleicht etwas ungewohnt erscheinen, wenn behauptet wird, die auf universale Geltung Anspruch erheischende Moralphilosophie sei wie ein Sonntagsbraten mit lauter männermoralischen Kleinerzählungen und ethischen Phantasien männlicher Subjekte über moralisch meist orientierungslos imaginierte weibliche Wesen gespickt. Trotzdem möchte ich an dieser These festhalten.

Sie rechtfertigt sich nämlich, wie sich in Bälde zeigt, besonders nach einem kurzen Rückgang wiederum in die philosophischen Randgebiete von Tugend & Geschlechterdifferenz des späten siebzehnten und natürlich des achtzehnten Jahrhunderts. Dennoch: Dieser abermalige Blick zurück in die – allerdings nur scheinbar ‚historische' Historie – heißt nicht, daß man sich eines kritischen Blickes auf die moralische Verfaßtheit der Geschlechter in unserem Jahrhundert enthalten will. Doch dazu später.

Zunächst soll – anhand eines Fallbeispieles – das Stichwort ‚Männermoral' & ethische Theorie in einer ganz bestimmten Weise diskutant gemacht werden: nämlich als Auseinanderbrechen eines in der ethischen Theorie einheitlich konzipierten Tugendverständnisses in eine je männliche und weibliche Abteilung, die ich, schon vor dem Beweis meiner damit exponierten These, eben als männliches Sittengesetz und weibliche Sitz-Samkeit vorstelle.

LaRochefoucauld & die Männermoral

Nun erzähle ich gewiß nichts Neues, wenn ich darauf hinweise, daß zwischen Männern und Frauen nicht nur in biologischer, sondern auch in moralischer Hinsicht kleine und größere Unterschiede bestehen. Schon 1677 etwa schreibt ein Herr, der sich im letzten Drittel seines Lebens zum wütenden Demaskierer heuchlerischer Moral gemacht hat, folgende Maxime in sein Notizheft: „Was wir für Tugenden halten, ist oft nur ein Flechtwerk von verschiedenen Handlungen und Plänen, die Zufall oder eigene Absicht ineinander verschlungen haben. So sind Männer nicht immer aus Tapferkeit tapfer, und Frauen nicht immer aus Keuschheit keusch."[1] Bei diesem Herrn handelt es sich um den Herzog François de LaRochefoucauld, der im allgemeinen als Oberhaupt der philosophiehistorischen Abteilung ‚französische Moralisten' gilt. Nun darf man, wenn man die Bezeichnung ‚Moralist' hört, sich nicht täuschen lassen und eine wie auch immer gewandete ethische Theorie oder moralische Maximen im Sinne eines Sittengesetzes erwarten, die die einzig möglichen Koordinanten des moralisch Guten zu kennen vorgeben. Die französischen Moralisten, ein Montaigne, ein Montesquieu etwa oder eben LaRochefoucauld mit seinen moralischen ‚Maximen', sind genau nicht jene moralinsauren Besserwisser dogmatisch-ethischen Zuschnitts, die ihren ewig über die Sinne strauchelnden Mitmenschen einmal mehr vorhalten, was für sündige Geschöpfe sie doch seien. Der Moralismus dieser Moralisten, meine ich, besteht vor allem in einem scharfen und unprätentiösen Blick hinter die Kulissen moralischer Werte und in die Produktionsstätten ethischer Theorien.

Wenn LaRochefoucauld formuliert: „Unsere Tugenden sind meist nur maskierte Laster",[2] so ist das mehr als nur ein simpler Moralpessimismus des alternden und vom Leben enttäuschten Herzogs, der sich nach einer Schußverletzung endgültig in den Trost der Philosophie versenken will. Es handelt sich, so meine bescheidene Meinung, vielmehr um die tatsächlich naheliegende Einsicht, daß auch ethische Werte letztlich von Menschen gemacht und vermittelt sind; daß hinter moralischen Normen, nennen sie sich nun bürgerliche Haupt- oder Sekundärtugenden, christliche Liebesethik, normative Ethiken theologischen, utilitaristischen, deontologischen oder teleologischen Zuschnitts und wie sie alle heißen; daß also trotz aller Etikettierungskünste ethischer Theorie immer auch die Ingenieure und Maschinisten des Sittengesetzes in ihren Produkten erkenntlich bleiben.

Das allein ist nun in der Tat noch nicht besonders aufregend. Spannender wird es meines Erachtens erst dort, wo LaRochefoucauld auch die Geschlechterdifferenz, den Unterschied also zwischen Männern und Frauen, in seine Demaskierungsversuche des tugendhaften Scheins einbaut. „Männer sind nicht immer aus Tapferkeit tapfer, Frauen nicht immer aus Keuschheit keusch." Zwei Dinge sind es, die mich bei diesem Zitat interessieren (– ein Zitat übrigens, das nichts mehr als die gelebte Alltagseinsicht vieler Menschen zusammenfaßt). *Erstens*: Obwohl das moralisch Gute von der ethischen Theorie im allgemeinen als einheitlich und unteilbar, also für alle Menschen gleich geltend vorgestellt wird, gelten für Frauen und Männer offensichtlich verschiedene Tugenden, verschiedene moralische Maßstäbe, verschiedene Sittengesetze, ja sogar eine geschlechterdifferente Sittsamkeit. Das *zweite*, was mich bei dieser Maxime LaRochefoucaulds interessiert, ist der Umstand, daß offensichtlich jeder Mann wußte, daß er gegenüber der Gesellschaft mit Vorteil darauf bedacht zu sein hatte, als mutig zu *gelten*; jede Frau schien zu wissen, daß ein Gutteil ihrer persönlichen Reputation von der Einhaltung der sogenannten Keuschheit als Inkarnation weiblicher Sittsamkeit abhängig war. Der tugenhafte Schein ist somit schon im ausgehenden siebzehnten Jahrhundert als frühe ethische Warenästhetik aufgetreten; Frauen und Männer haben um ihn gewußt und haben sorgsam darauf geachtet, seine dünne Oberfläche nicht zu verletzen.

Interessanterweise gerinnt gerade die weibliche Sittsamkeit zum Paradebeispiel, zum Paradigma des tugendhaften Scheins. Wenn LaRochefoucauld etwas später formuliert: „Es gibt wenige anständige Frauen, die nicht ihrer Anständigkeit müde sind“,[3] dann ist das vordergründig vielleicht eine der unzähligen Frauenfeindlichkeiten, mit denen auch die aufgeklärtesten aller Jahrhunderte kokettieren. Aber ich denke, der philosophierende Rentier LaRochefoucauld, dieser müd und alt gewordene Frauen- und Pistolenheld, hätte auf seinem Schlößchen genausogut schreiben können: „Es gibt wenige heldenhafte Männer, die das omnipotente Heldentum nicht ordentlich satt hätten.“

Wie auch immer: Das moralisch Gute, einst von der Philosophie als Unikat vorgestellt, ist dort, wo es seine praktische Wirksamkeit erhält, wo also hohe moralische Normen bescheiden ins alltägliche Handeln der Menschen umgesetzt werden, schon längst in die Versatzstücke eines männlichen und eines weiblichen Tugendkataloges zerfallen. LaRochefoucauld formuliert das in seinen Maximen gelegentlich bis zum Überdruß seiner Leserschaft. Doch weshalb das eigentlich so gekommen ist, und wo denn die Grenzlinien zwischen männlicher und weiblicher Tugend verlaufen; darauf finden wir meines Erachtens erst im Tugenddiskurs des achtzehnten Jahrhunderts wieder präzisere Antworten.

Montesquieu: Philosophie im Harem

Wir setzen unsere kleine Philosophiegeschichte der Männermoral demzufolge im achtzehnten Jahrhundert fort, genauer: beim damals hochbrisanten Haremsstreit, an welchem, es ist beinahe unnötig zu sagen, nur die männliche Gelehrtenwelt partizipierte. 1721 erscheinen Montesquieus *Perserbriefe*.[4] Es handelt sich dabei in der Tat um ein skandalumwittertes Werk. Zwei persische Adelige, Usbek und Rhedi, bei denen es sich natürlich um listige Romanfiguren zur Tarnung Montesquieus selbst handelt, reisen durch Frankreich und halten mit ihrer – also Montesquieus – Kritik an den französischen Zuständen nach dem Tod Ludwigs des XIV., am ubiquitären Maitressenwesen, an den ruinösen Finanzexperimenten der neuen Regierung, an der allgemeinen Korruption der politischen Würdenträger, an der Bigotterie des Pfaffentums und der leeren Titelsucht des Gelehrtenstandes keineswegs hinter dem Berg.

Das alles mag noch hingehen. Gelesen werden die Perserbriefe hingegen nicht so sehr wegen der messerscharfen Kritik am lamentablen Zustand der französischen Nation, sondern zunächst wegen den geschickt eingestreuten Erotica aus dem Orient. Die orientalische Aura der Perserbriefe ist einerseits vom sinnenfreudigen Klima der Märchen aus 1001 Nacht geprägt, aber vor allem: Unsere beiden Reiseberichterstatter servieren ihrer Leserschaft – sozusagen als Entschädigung für die ätzende Gesellschaftskritik am Gastland Frankreich – schaudererregende (und zwar erotische Schauder erregende) Berichte über den orientalischen Harem; über die Herzlosigkeit und Impotenz der Eunuchen, über die hemmungslose Leidenschaft und die zynische Überheblichkeit der Sultane und Großmogule, die die Sittengesetze des Harems diktieren. Und natürlich findet die vorgetäuschte Tugendhaftigkeit und die falsche Liebe der persischen Frauen, welche sowieso erst unter dem Haremszwang zu wirklicher Sittsamkeit fänden, extensiven literarischen Niederschlag. Besondere Brisanz erhält die Haremsgeschichte zudem dadurch, daß Usbek, einer der beiden persischen Reisenden, Haremsbesitzer *in absentia* ist, und just in seiner Abwesenheit proben die Damen denn auch den Aufstand.

Es ist evident, daß diese aufregende Gegengeschichte über die Zustände im Harem erfolgreicher als jedes noch so brilliante Vorwort funktioniert. Montesquieu schafft ein erotisches Klima, das an den Voyeurismus der westlichen Leserschaft appelliert, die, nebenbei, nicht nur aus Männern bestanden hat. Montesquieu benutzt dieses erotische Klima exzessiv als Vehikel und Maske für das klassische philosophische Privileg namens Kritik. Man sieht dabei gleichsam, welche sinnreiche, listige und im besten Sinne kryptophilosophische Einrichtung die Erotik sein kann, wenn man[N] sie nicht zur widerlich-dümmlichen Pornographie verkommen läßt.

Jedenfalls: Die List des Eros in den Perserbriefen kurbelt den Tugenddiskurs und speziell die philosophische Beschäftigung mit Moral und Sittengesetzen des Orients an. Einen berühmten Zeugen für die philosophische Moralkritik an den orientalischen Verhältnissen finden wir einmal mehr in Immanuel Kant, der gewiß nicht nur der große Kritiker und Grenzbestimmer der reinen Vernunft ist. 1763 schreibt Kant folgendes:

> „Betrachten wir das Geschlechterverhältnis in diesen Welttheilen [Kant meint damit die Verhältnisse außerhalb Europas], so finden wir, daß der *Europäer* einzig und allein das Geheimniss gefunden hat, den sinnlichen Reiz einer mächtigen Neigung [den Geschlechtstrieb] mit so viel Blumen zu schmücken und mit so viel Moralischem zu durchflechten, dass er die Annehmlichkeiten desselben nicht allein überaus erhöht, sondern auch sehr anständig gemacht hat." Der Europäer also als allgemein sittliches Vorbild für die gesamte Menschheit. Kant fährt fort: „Der Bewohner des Orients ist in diesem Punkte von sehr falschem Geschmacke. Indem er keinen Begriff hat von dem sittlich Schönen, das mit diesem Triebe kann verbunden werden, so büsst er sogar den Wert des sinnlichen Vergnügens ein, und sein Harem ist ihm eine beständige Quelle von Unruhe."[5]

Montesquieu hatte ja in der Tat die schockierenden Verhältnisse im Harem geschildert: Streit, Eifersucht und ständige Intrigen unter den Haremsdamen; zudem Eunuchen als brutale Haremswächter, die die Wut über ihre Verstümmelung an den Haremsfrauen auslassen. Besonders degoutiert ist Kant – zu Recht – von der orientalischen Sitte, die weibliche Jungfräulichkeit künstlich wiederherzustellen. Auf dem Hintergrund der heutigen Kritik an der in einigen Ländern noch immer praktizierten Infibulation und Klitorisbeschneidung möchte ich diese vielleicht frühfeministisch zu nennende Kritik Kants am orientalischen Jungfräulichkeitskult nicht vorenthalten. Kant schreibt: Der Orientale

> geräth auf allerlei verliebte Fratzen, worunter das eingebildete Kleinod eins der vornehmsten ist, dessen er sich vor allem zu versichern sucht, dessen ganzer Werth nur darin besteht, daß man es zerbricht, und von welchem man überhaupt in unserem Welttheil viel hämischen Zweifel hegt, und zu dessen Erhaltung er sich sehr unbilliger und öfters ekelhafter Mittel bedient.

Seit Diderots *Bijoux indiscrets* von 1748 beziehunsweise deren deutscher Übersetzung unter dem Titel *Die indiskreten Kleinode* weiß das einigermaßen gebildete Lesepublikum natürlich, daß unter „Kleinod“ die weiblichen Geschlechtsteile zu verstehen sind. Die Konklusion Kants: „Daher ist die Frauensperson daselbst [im Orient] jederzeit im Gefängnisse, sie mag nun ein Mädchen sein, oder einen barbarischen, untüchtigen und jederzeit argwöhnischen Mann haben.“ Und in den Ländern der Schwarzen, „was kann man da Besseres erwarten, als was durchgängig daselbst angetroffen wird, nämlich das weibliche Geschlecht in der tiefsten Sklaverei.“[6] Man möchte geradezu formulieren: Je weiter Kant sich von den eigenen Verhältnissen entfernt, desto schärfer wird sein Blick für die unwürdigen Verhältnisse weiblicher Existenz. In der Tat: Aus der Perspektive des gesitteten und moralisierten Europäers ist der Harem Sinnbild für ein äußerst widersprüchliches Nebeneinander von erzwungenem Keuschheitskult und tatsächlicher Sittenlosigkeit. Mit Mißbilligung und Sarkasmus wendet sich sogar Kant, der durchaus mehr ist als nur der künftige Erfinder des kategorischen Imperatives, gegen den widersinnigen Keuschheitskult, der Frauen ausschließlich zu Objekten männlichen Begehrens macht, verwertbar nur als menschenähnliche Gliederpuppen mit sexuellem Gebrauchswert. Fazit des orientalischen Tugenddiskurses bei Kant: Im Orient sind die Frauen jederzeit im Gefängnis, in der tiefsten Sklaverei des Harems; die orientalischen Männer wie auch die Schwarzen behandeln ihre Frauen allesamt mit größter Brutalität und nur der Europäer habe das Geheimnis entdeckt, mit welchem man, modern formuliert, den Triebcharakter der Sexualität moralisieren, und – wieder kantisch gesprochen – mit den Blumen der Sittlichkeit verflechten und „anständig“ machen könne.

Aber: Wie sehen denn diese europäischen Blumen der Moralität aus? Und vor allem: Erweisen sie sich für Frauen nicht doch eher als die Sumpfblumen eines aufoktroyierten, fremdbestimmten Tugendkataloges, der zwar subtil funktioniert, aber vom strengen Diktat der Haremswärter gar nicht so weit entfernt ist? Und vielleicht ist der orientalische Harem als weiblicher Seinsort gar nicht dermaßen gefängnishaft, wie ihn die europäischen Reiseberichterstatter und nach ihnen die Philosophen darstellen? Immerhin – als Männer hatten sie keinen Zugang zu den privaten Frauenkollektionen orientalischer Potentaten. Das Konkurrenzprinzip unter Männern ist, was den Besitzanspruch an sittsamer Weiblichkeit betrifft, offensichtlich größer als das zwischen Männern im allgemeinen ebenfalls existente Imponierbedürfnis. Was im achtzehnten Jahrhundert über den orientalischen Serail aus männlicher Feder fließt, dürfte mithin ein Gutteil Männerphantasie darstellen.

Lady Montagu als veritable Haremsberichterstatterin, oder: eine ‚andere' Haremsphilosophie

Trotzdem findet sich im achtzehnten Jahrhundert ein veritabler Haremsbericht, und zwar aus der Feder einer Frau; Lady Mary Worthley Montagu. Als Gemahlin von Edward Worthley Montagu, der von König George I. 1716 zum englischen Gesandten in Konstantinopel ernannt wurde, hatte sie reichlich Einblick in die orientalischen Verhältnisse. Ihre bald sehr populär werdenden *Briefe aus dem Orient*, die allerdings erst 1763 erstmals erscheinen, sind nicht nur spannend, witzig und charmant, sondern auch voll messerscharfer Beobachtungsgabe und weiblicher Ironie.[7] Der Titel der 1764 in Leipzig erscheinenden ersten deutschen Übersetzung ist zwar etwas umständlich: *Briefe der Lady Marie Worthley Montague, während ihrer Reisen in Europa, Asia und Afrika, an Personen von Stande, Gelehrte u. in verschiedenen Theilen von Europa geschrieben; welche ausser andern Merkwürdigkeiten Nachrichten von der Staatsverfassung und den Sitten der Türken enthalten; aus Quellen geschöpft, die für andere Reisende unzugänglich gewesen*.

Wenn es Sinn macht, erkenntniskritisch von einer geschlechterdifferenten Unschärferelation zu reden – woran ich durchaus festhalten möchte –, dann gibt Lady Montagu als orientalische Haremsberichterstatterin ein eindrückliches Beispiel. Zwischen männlichen und weiblichen Reiseberichten existiert durchaus eine Differenz. Schon die anonyme Vorwortschreiberin – wahrscheinlich Lady Mar, die Schwester Lady Montagu's – weist darauf hin: „Ich bin, ich bekenne es, boshaft genug, zu wünschen, dass es die Welt sehen möge, mit wie viel bessern Absichten die Damen reisen, als die Herren." Die „Mannsreisen" seien „alle im gleichen Ton gestimmt" und mit den bekannten langweiligen „Kleinigkeiten angefüllt". Es müsse schon eine Dame – gemeint ist Lady

Montagu – der Reisebriefschreiberei „eine neue Straße“ bahnen, um diesem „abgenutzten Gegenstand“ durch eine andere Sehweise „frischen Reiz“ zu geben.[8]

Lady Montagu führt vor, daß Dasselbe durchaus nicht das Gleiche sein muß. In einem Brief vom 1. April 1717, geschrieben in Adrianopel und adressiert an eine Mrs. Thistlethwayte, übt Lady Montagu deutliche Kritik an den orientalischen Schauergeschichten ihrer männlichen Kollegen. „Sie staunen vielleicht über Nachrichten“, so Lady Mary an ihre Geschlechtsgenossin, „die so verschieden von dem sind, was Sie in den gewöhnlichen Reisebeschreibungen gelesen haben, deren Verfasser gerne von Dingen reden, von denen sie nichts wissen.“ [9] Nur wenn sie von einem gewissen Rang seien, erhielten Christen überhaupt Zutritt zum Haus eines vornehmen Türken. Und weitaus wichtiger: „Ihre Harems aber sind immer verbotener Boden“.

Das Verbot hingegen betrifft nur die Männer und für einmal kehrt sich die weibliche Exklusionsregel listig ins Positive. Lady Montagu erhält – als Frau von Stand – Zugang zum Harem. Ihr Bericht präsentiert alles andere als eine Bestätigung der Harems-Schauergeschichten männlicher Reisebriefschreiber. Die Männer können nur „von der Aussenseite der Häuser reden“, die tatsächlich nicht gerade Schönes biete, denn „die Weiberburg ist immer nach hinten gebaut und dem Blick entzogen“. Zwar sind die hohen Mauern durchaus existent, aber dahinter befindet sich keineswegs ein Weibergefängnis, sondern eine freundliche Variante eines Lustgartens,

> „mit hohen Bäumen bepflanzt, die anmutigen Schatten und nach meinem Empfinden auch einen reizenden Anblick bieten. In der Mitte des Gartens“ – so die faszinierte Lady Montagu – „ist der Kiosk, das ist ein grosses Gemach, das im allgemeinen durch einen Springbrunnen in der Mitte verschönert ist. Es liegt neun bis zehn Stufen hoch, mit vergoldeten Gittern umgeben, um das Weinreben, Jasmin und Geissblatt eine Art grüner Wand bilden. Hohe Bäume sind um diesen Platz gepflanzt, der die Szene großer Ergötzlichkeiten ist und wo die Frauen ihre meiste Zeit mit Musik und Stickerei zubringen.“

Schaudererregend sind gerade nicht die Verhältnisse im Frauenland des Serails, sondern auf den männlichen Kriegsschauplätzen. Lady Montagu ist zugleich auch Zeugin der Türkenkriege. In einem Brief vom 1. September 1717 etwa beschreibt sie „das barbarische Schauspiel von Türken und Deutschen, die einander die Hälse abschneiden.“[10]

Abbildung (16)
Titelkupfer von Daniel Chodowiecki (1726 – 1801) zu *Lady Montagu's Letters* in der englischen Ausgabe von 1781.

Auf dem Hintergrund des Kriegsschauplatzes wird der Harem geradezu zu einer friedlichen paradiesischen Enklave. Obwohl Lady Montagu durchaus kritische Blicke auf die „wollüstige Leidenschaft des Serails" wirft und den „grämlichen Geist des Despotismus" erkennt, meint sie im nämlichen Brief dennoch: „Die Weiber sind hier wirklich nicht so eng eingesperrt, wie viele berichtet haben". Und: Die Frauen „geniessen einen hohen Grad der Freiheit selbst im Schosse der Knechtschaft und haben Mittel zur Verkleidung und zu Schlichen, welche die Liebeshändel sehr begünstigen". Einmal mehr zeigt sich, daß die List der Vernunft eine weibliche Erfindung ist, die erst später vom schlauen Herrn Hegel klandestin der männlichen Philosophiegeschichte zugeschlagen wurde. Trotzdem: Mit berechtigtem damenphilosophischem Optimismus läßt sich formulieren, daß auf Dauer die List der Vernunft eben doch für die Frauen arbeitet. Was sich auch im Harem zeigt. Zwar leben die in haremsfremde Amouren verwickelten Damen gefährlich, denn „eine Entdeckung setzt sie der unbarmherzigen Wut der Eifersucht aus, die hier ein Ungeheuer ist, das allein durch Blut gerächt werden kann". Aber die Haremsdamen sind schlau und somit Entdeckungen selten. Und im übrigen hatte ja schon Montesquieu darauf hingewiesen, daß ein Aufstand sämtlicher Haremsdamen von ihrem Besitzer und dessen Serailswächtern nicht mehr kontrolliert werden kann.

„Pracht und Reichtum, die hier in den Gemächern vornehmer Frauen herrschen, scheinen eine ihrer Hauptbelustigungen zu sein. Hierzu kommt ihr Gefolge von Sklavinnen, an deren Musik, Tanz und Putz sie sehr viel Vergnügen finden." So sieht kein Gefängnisalltag aus. Zudem dürfte der Alltag im Serail für orientalische Sklavinnen angenehmer ausgesehen haben, als etwa für europäische Haus- und Waschmädchen. Auch was den vielgeschmähten Frauenhandel betrifft, findet Montagu kritische Bemerkungen, die sich tendenziell gegen die Europäer wenden. Man werde ihr zwar „einwenden, dass die [türkischen] Männer Frauenzimmer in böser Absicht kaufen. Nach meiner Meinung werden sie ebenso öffentlich und ebenso schändlich in allen unseren großen christlichen Städten verkauft."[11] Diese Bemerkung kann man durchaus als Antwort auf Immanuel Kant verstehen, der sich 1763 über die

Schönheit der zirkassischen Mädchen vernehmen läßt und darauf die „Kaufleute von Hindostan“ tadelt, die „von einem boshaften Handel mit so schönen Geschöpfen großen Vorteil ziehen, indem sie solche den lekkerhaften Reichen ihres Landes zuführen,“[12] womit gezeigt ist, daß Kant gelegentlich auch den Weg zur ironischen Seite der Kritik gefunden hat.

Von Luxus und Grausamkeit

Im Fortgang ihrer Reisebriefe kritisiert Montagu wiederholt und kräftig die schiefen Orientberichte ihrer männlichen Vorgänger. Ein Herr Hill wird zum präferierten Objekt ihrer feinsinnigen Spottlust. Es sei „sehr lustig zu bemerken, wie zärtlich er und alle seine Brüder Reisebeschreiber die jämmerliche Einkerkerung der türkischen Frauenzimmer beklagen, die doch vielleicht freier als alle übrigen des Erdbodens“ seien. Folgt man den Schilderungen Montagus, scheinen die orientalischen Frauen eine Bilderbuchform luxurierter weiblicher Existenz zu genießen. Immerhin: Sie sind vielleicht „die einzigen Weiber in der Welt, die ein Leben von ununterbrochenem, sorglosem Vergnügen führen, ihre ganze Zeit zubringen mit Besuchen, Baden oder dem angenehmen Zeitvertreib, Geld auszugeben und neue Moden zu ersinnen.“ Und deutlich gegen die kalkulierenden Eheherren Europas gewendet: „Man würde einen Mann für rasend halten, der den geringsten Grad von Sparsamkeit von seiner Frau forderte; ihre Ausgaben hängen von nichts als ihrer eigenen Phantasie ab.“ Darauf folgt eine Konklusion, die sich in den sogenannt emanzipatorischen Jahrzehnten des späten zwanzigsten Jahrhunderts, in denen zwar alles von Gleichberechtigung redet, sich aber an der ökonomischen Ungleichverteilung zwischen den Geschlechtern faktisch nicht viel geändert hat, nur mit inbrünstiger Zustimmung liest: „Es ist des Mannes Geschäft, Geld zu verdienen, und ihres, es zu vertun, und dieses edle Vorrecht erstreckt sich auf die niedrigsten unseres Geschlechts.“[13]

Kant war nicht der einzige, der die „Orienthalen“ – damit waren vornehmlich die Türken gemeint – als „Barbaren“ verunglimpfte. Auch Lady Montagu hat trotz aller Skepsis jenen Europäerblick, der besonders sensibel auf Grausamkeit reagiert, wenn sie von Türken began-

Abbildung (17)
... über die „Grausamkeit" der Türken.
Abbildung eines Orientalen aus Johann Caspar Lavaters
Physiognomischen Fragmenten zur Beförderung der Menschenkenntniss und Menschenliebe,
Winterthur 1787.

gen wird. Dennoch zeigt ihr Reisebericht unmißverständlich, daß die beschriebene Brutalität der Türken durchaus keine orientalische Spezialität ist, sondern nur die osmanische Variante der viel allgemeineren, sozusagen kosmopolitischen Gewalt zwischen den Geschlechtern. Anläßlich einer türkischen Hochzeit, zu der Lady Montagu als einziger europäischer Gast geladen ist, reflektiert sie über das Verhältnis von Leidenschaft und Brutalität. Nicht weit entfernt von ihrem Haus sei „der noch blutende Körper" einer jungen Frau gefunden worden, nackt und mit zwei Messerstichen ermordet. Eine große Menschenmenge sei zusammengekommen. Doch nach „dem Mörder wurde sehr wenig gefragt"; der Körper „ohne Aufsehen" vergraben. Derartigen Morden werde „nie durch Polizeirichter wie bei uns nachgeforscht". Der Kommentar: „Man sollte glauben, dass dieser Mangel in ihren Gesetzen solche Trauerspiele häufig mache, allein sie sind äusserst selten. Beweis genug, daß das Volk von Natur nicht grausam ist. Ich meine, dass sie auch in vielen anderen Fällen nicht den barbarischen Charakter verdienen, den wir ihnen gemeinhin beilegen."[14]

Giacomo Casanova & Wolfgang Amadeus als Haremsspezialisten

Mit Lady Montagu ist die Haremsphilosophie durchaus nicht zu Ende. Die im Orient mutmaßlich eingekerkerte Weiblichkeit beschäftigt beispielsweise auch einen Giacomo Casanova, Chevalier de Seingalt, bekannter Frauenheld und weniger bekannter Sozialhistoriker.[15] In seinen Lebenserinnerungen, die in der kritischen Ausgabe immerhin zwölf stattliche Bände ausmachen, findet sich eine Haremsepisode schon in Band zwei. Casanova berichtet, wie er in Konstantinopel mit einer verschleierten Dame tanzt, die sich ihm als Venezianerin in türkischer Gefangenschaft zu erkennen gibt. Sie ist eine der „Schönheiten des Harems des wollüstigen Ismail" und stellt als Italienerin im Serail zweifelsohne ein weibliches Preziosum von besonderem Wert dar. Aufgrund seiner venezianischen Herkunft wird Casanova das Privileg zuteil, die gefangene Haremsdame zum Tanz aufzufordern. Denn auch für den Haremseigner Ismail gilt das „Vorurteil" – wie es Casanova formuliert – „die Schönheiten des Harems nicht den Augen Neidischer auszusetzen."[16]

Doch ohne den Ausgang von Casanovas Tanz mit der venezianischen Odaliske zu rapportieren, führe ich gleich zu einer Männerbekanntschaft, die bisher etwas im Schatten der literarhistorischen Forschung gestanden hat. Ich meine: Casanova – da Ponte – Mozart: Und jene gutinformierten Seelen, die um die Freundschaft des Chevaliers de Seingalt mit Lorenzo da Ponte, bekannt als Mozart-Librettist, wissen, wird es kaum erstaunen, daß wir nochmals einen Abstecher in die *Opernphilosophie* unternehmen werden.[17] Denn wir sind bei einem weiteren zeitgenössischen Werk angelangt, das mit großem Erfolg zur Popularisierung unserer kleinen Haremsphilosophie beigetragen hat. Gemeint ist Mozarts ebenso sinnenfreudige wie geschlechterhermeneutisch hochbrisante *Türkenoper* des Titels *Belmonte und Konstanze oder Die Entführung aus dem Serail*; ein wahres Lehrstück in Sachen Weiberlist und Männermoral. Der Inhalt der Oper ist ebenso banal wie bedeutungsschwanger: Treue und Tugend zweier entführter Venezianerinnen, Konstanze und deren Kammerzofe Blonde, werden unter den Extrembedingungen des Serails getestet. Dessen Eigentümer, der Bassa Selim, wird vom Mozart-Librettisten, diesmal aber nicht da Ponte, sondern Johann Gottlieb Stephanie der Jüngere, zwar durchaus mit der aus europäischer Perspektive unvermeidlichen Türkengrausamkeit gezeichnet. Immerhin: „Bastonade und Strick um den Hals sind hier wie ein Morgenbrot."[18] Doch zusätzlich dazu erhält Selim, sozusagen zur Präparierung einer sittlich hochqualifizierten Verführungssituation, einen Schnellkursus in europäischer Galanterie und Liebestugend. Damit transzendiert er das klassischeuropäische Lieblingsbild vom barbarischen Türken, „Weibervielfraß" und wahllosem Vergewaltiger.

„Und dann: Treue, gute Nacht!"

Wir kommen zur Beschreibung der männlichen Hauptakteure, als da sind: Belmonte, vertrauensschwacher Geliebter der Konstanze; Pedrillo, dessen Diener und ebenso vertrauensschwacher Möchtegern-Liebhaber der Blonde; Osmin, Obereunuch und als Haremswächter des Bassas gleichsam professionell ohne jegliches Vertrauen in die weibliche Tugend. Zudem ist Osmin, was Blonde betrifft, der morgenländische Konkurrent des auf Freiersfüßen wandelnden Pedrillo. Und schließlich ist da noch Selim, männlich-türkischer Potentat und beneideter Eigentümer unzähliger Haremsschönheiten, mit einer Vorliebe für geraubte Venezianerinnen, insbesondere Konstanze. Selim ist der einzige Mann, der es sich leisten kann, kein Vertrauen in die Tugend seiner Frauen zu haben. Schließlich ist er ihr Besitzer. Haremsmauern und Serailswächter sind verläßlichere Garanten weiblicher Treue als die aufwendige europäische Keuschheitsdressur.

Dem in Liebeshändeln geübten Auge zeigt schon die Ausgangslage deutlich, daß die Geschichte ihre Würze vornehmlich durch Intrigen und durch die Konkurrenz der Frauen in dieser gleichsam multikulturellen Herrengesellschaft erhält. Die Damen winken als listig-lustig-fröhlicher Preis für jene Männer, die als Sieger aus der dramatischen Eifersuchtsprüfung hervorgehen. Des weiteren aber zeichnen sich die Herren nicht dadurch aus, ein besonders manierliches Comportement untereinander zu pflegen. Pedrillo hält zwar Selim zugute, daß er so viel „Delikatesse" besitze, „keines seiner Weiber zur Liebe zu zwingen." Trotzdem ist er ein brutaler „Renegat". Der Haremswärter Osmin gilt als „alter Aufpasser", dann wieder als „Eisenfresser" mit einem „Ananasgesicht".

Was die moralische Verfaßtheit der männlichen Hauptakteure betrifft, so fällt deren eklatante Vertrauensunfähigkeit auf. Dies gilt für die Europäer ebenso wie für die Türken. Natürlich wird dieses Vertrauensmalaise als weiblicher Defekt in die Geliebte projiziert. Osmin formuliert stellvertretend, wie wankelmütig, ja schwindsüchtig die Liebe der Männer ist: Seine Angebetete „treu sich zu erhalten/Schliess' er Liebchen sorglich ein/Denn die losen Dinger haschen/Jeden Schmetterling und naschen/Gar zu gern von fremdem Wein." Fazit: „Und dann Treue, gute Nacht."[19]

Blonde: „Uns gehört das Regiment!"

Ein Blick auf die Damengarnitur Mozarts: Hier finden wir weder Vertrauensschwäche noch Dressurerfolge in Sachen europäisch-weiblicher Sittsamkeit und schon gar keine Unterwerfungsbereitschaft, sei es unter das Liebesdiktat der italienischen Möchtegern-Casanovas oder unter die türkischen Haremssitten. Im Gegenteil. Konstanze und vor allem Blonde geben ein erfreuliches Beispiel unverdorbener weiblicher Renitenz. Getreu der Einsicht, daß Männer es nun „wahrlich nicht verdienen, daß man ihrethalben sich zu Tode härmt“,[20] profiliert sich Blonde gegenüber dem tölpelhaften Osmin als muntere Rebellin mit losem Lästermaul.

Wie schwierig ein Nacherziehungskurs in männlicher Galanterie und Liebeskultur ist, führt Blonde im Zweiten Aufzug vor. Sie versucht, den Haremswärter Osmin zu pfleglicheren Sitten im Umgang mit Frauenzimmern zu erziehen. Ob Osmin wohl glaube, eine „türkische Sklavin“ vor sich zu haben? Schmeicheln müsse man den Frauen, nicht befehlen. Und sowieso ruiniere „mürrisches Befehlen“ jede treue Liebe. Des weitern solle sich Osmin merken, daß Mädchen „keine Ware zum Verschenken“, sondern zur „Freiheit geborene Wesen“ sind. Osmins Lernerfolge sind hingegen äußerst bescheiden. Seine Antwort: „Ich befehle dir, augenblicklich mich zu lieben.“ Blonde bricht begreiflicherweise in schallendes Gelächter aus: „So ein altes und häßliches Gesicht untersteht sich, einem Mädchen wie ich, jung, schön, zur Freude geboren, wie einer Magd zu befehlen!“ Kurzentschlossen stellt Blonde die alte Dialektik von Herrschaft und Knechtschaft zwischen den Geschlechtern auf frühfeministische Füße. „Uns gehört das Regiment! Ihr seid unsere Sklaven und glücklich, wenn ihr Verstand genug habt, euch die Ketten zu erleichtern.“[21]

Der Mozart-Librettist stattet seine Protagonistin zudem mit einer erstaunlich frühen Form internationaler weiblicher Solidarität aus. Auch in der Türkei ist der weibliche Mensch frei geboren. „Türkei hin, Türkei her! Weib ist Weib, es sei, wo es wolle.“ Darauf folgt ein Appell an weibliche Selbstverantwortung und Selbstbefreiung: „Sind eure Weiber solche Närrinnen, sich von euch [gemeint sind die Türken] unterjochen zu lassen, desto schlimmer für sie. In Europa verstehen sie das Ding besser.“[22]

Ein kurzer Kommentar

Hier drängt sich, aus der Perspektive des späten zwanzigsten Jahrhunderts, ein kurzer Kommentar an die Adresse der sich selbst als ‚Neue‘ bezeichnenden Frauenbewegung auf. Nicht, daß ich sie hier öffentlich &

glattwegs einer gewissen Borniertheit bezichtigen möchte. Trotzdem erlaube ich mir darauf hinzuweisen, selbstverständlich unter Wahrung der angezeigten weiblichen Modestie, daß die „Neue Frauenbewegung" des öfteren die historische Tiefenschärfe ihrer eigenen Geschichte unterschätzt. Der Mozart-Librettist ist zugegebenermaßen ein Mann und seine Haremsgeschichte spielt in der Mitte des achtzehnten Jahrhunderts. Nichtsdestoweniger signalisiert die Figur der Blonde bestes früh- und spätfeministisches Aufklärungsmaterial. Man muß den Herren Stephanie, Bretzner, Grossmann, Gluck & Mozart, welche in fruchtbarer Zusammenarbeit die Charaktere der „Entführung aus dem Serail" modellierten,[23] zugutehalten, daß sie mit der Figur der Blonde einen neuen Typus weiblicher Existenz geschaffen haben. Immerhin markiert Blonde mehr als nur ein verwöhntes europäisches Mädchen. Sie ist nicht einfach ein Ausnahmephänomen in Sachen Schlagfertigkeit, Selbstbewußtsein und Widerspruchsgeist. Mit der Blonde wird explizit das politisch denkende weibliche Subjekt signalisiert. Denn die Herren Librettisten lassen Blonde nicht nur formulieren, daß die Türkenfrauen „Närrinnen" seien, wenn sie sich von den tölpelhaften Türken unterjochen ließen. Blonde wird in der Folge zur rebellischen Anführerin der Haremsdamenbefreiung: In Europa verstehen die Frauen „das Ding besser", womit durchaus die weibliche Selbstbefreiung gemeint ist. „Laß mich nur einmal Fuß hier gefaßt haben", und die Türkinnen sollen „bald anders werden". Sogar der blasbalggesichtige Osmin kapiert die hier indizierte Hermeneutik der Andersartigkeit: "Bei Allah, die wär' imstande, uns allen die Weiber rebellisch zu machen!"[24] Ich meine: Hier wird das Libretto der Mozart-Oper gewissermaßen zu einem wichtigen Meilenstein in der (noch zu schreibenden) *Geschichte der weiblicher Renitenz*.

Bevor nun aber unser kleiner Exkurs in die lehrreiche Haremsphilosophie zu einem vorläufigen Abschluß geführt werden kann, drängt sich nochmals eine kurze Abschweifung auf. Es steht nämlich durchaus noch zur Debatte, ob die Europäerinnen tatsächlich soviel selbstbewußter; quasi *naturaliter* renitenter sind, wie dies Montesquieu, Kant, Casanova, Stephanie, Bretzner, Grossmann, Gluck, Mozart & all die andern Herren Haremsphilosophen behaupten. Denn vielleicht gilt Konstanzes luzider Harems-Kommentar nicht nur für die türkischen, sondern für die Männer schlechthin: „Aber ihr seid wirklich zu bedauern, ihr kerkert die Gegenstände eurer Begierden ein und seid zufrieden, eure Lüste zu büßen.“[25]

* * *

Wir kommen demnach wieder zur Frage europäischer Tugendisierung und Keuschheitsdiktatur, kurz: zur weiblicher Sitz-Samkeitsperfektionierung zurück. Als philosophische Gewährsleute halten wir uns an die Herren Diderot & d'Alembert, welchen hiermit die Ehre zukommt, das zehnte Capitulum zu eröffnen.

Zehntes Kapitel

–

in welchem die Herren Enzyklopädisten Denis Diderot & Jean le Rond d'Alembert einen Vortrag über weibliche Tugend halten, später sekundiert von Johann Caspar Lavater mit einer sittlichen Dental-Physiognomik.

Diderot, d'Alembert & die sittsame Traumfrau

Zwischen 1751 und 1780 erscheint in Frankreich die Enzyklopädie, *das* aufklärerische Standardwerk mit dominantem philosophischem Orientierungswert, herausgegeben und im wesentlichen verfaßt von zwei Männern: Denis Diderot und Jean le Rond d'Alembert. Ich erlaube mir, einen Blick in den Artikel „*femme*", Untertitel „*femme morale*" zu werfen. Da wird das moralische Weiblichkeitskonzept der Aufklärer ausführlich und in aller Deutlichkeit beschrieben: Das

> Glück [der Frau] besteht darin, das zu ignorieren, was die große Welt die Vergnügungen nennt; ihr Ruhm besteht darin, im Verborgenen zu leben. Sie beschränkt sich auf die Pflichten der Frau und Mutter und opfert ihre Tage der Praktizierung *ruhmloser Tugenden*; sie beschäftigt sich mit der Regierung ihrer Familie, regiert über ihren Ehemann durch *Gefälligkeit*, über ihre Kinder durch *Sanftmut*, über ihre Dienstboten durch *Güte*. Ihr Haus ist der Ort religiöser *Gefühle, kindlicher* Frömmigkeit, *ehelicher* Liebe, mütterlicher *Zärtlichkeit*, der Ordnung, des inneren *Friedens*, des *sanften Schlafs* und der Gesundheit; sparsam und häuslich, hält sie die Leidenschaften und Begierden daraus fern; der Bedürftige, der an der Tür erscheint, wird niemals zurückgewiesen; der Liederliche erscheint dort nicht. Ihr zurückhaltender und würdevoller Charakter verleiht ihr Respekt, sie wird wegen ihrer *Nachsicht* und *Empfindsamkeit* geliebt, wegen ihrer Vorsicht und Entschlossenheit gefürchtet. Sie strahlt Wärme aus, ein reines Licht, das alles erleuchtet und belebt, was sie umgibt.[1]

Im Gegensatz zum Mann, der in der Enzyklopädie unter dem Aspekt seiner intellektuellen Vervollkommnung betrachtet wird, geht es bei der Frau also vordringlich um ihre moralische Perfektionierung hinsichtlich eines an männlichen Bedürfnissen orientierten Tugendideals. Abschließend fragt sich der Verfasser dieser Utopie einer sittsamen Traumfrau des achtzehnten Jahrhunderts: „Ist es die Natur, die sie [die Frau] auf den höchsten Rang, auf dem ich sie sehe, gestellt hat oder die Vernunft, die sie dorthin führte?“ Er kommt dabei kaum auf den Gedanken, daß er möglicherweise gerade die eigenen Keuschheitswünsche, seine Sittsamkeits- , Reinheits- und Tugendbedürfnisse aus der männlichen Existenz auslagert und in die Weiblichkeit hineinprojiziert. Er kommt in der Tat nicht auf die Idee, daß er das männliche Sittengesetz schreibt, das vor allem darin besteht, im Namen der Sittsamkeit einen Tugendkatalog überhöhter, völlig unrealistischer Weiblichkeit zu schreiben; daß nicht die neutrale Idee der Vernunft, sondern konkret der Philosoph männlichen Geschlechts die Eckpfeiler der weiblicher Sittsamkeit umreißt. Ich meine: Die *Tugendheroin*, die sittsame Frau ist Produkt der männlichen Vernunft und Sehnsucht zugleich der männlichen Existenz. Und noch mehr: Der Philosoph, mithin der klassische Fach-Mann des Denkens, der Vernunft, besitzt ein äußerst bescheidenens Vermögen, die erkenntnistheoretische Bedingtheit seines Weiblichkeitsentwurfes, womit die Abhängigkeit des Weiblichkeitsbildes von männlichen Wünschen gemeint ist, zu erkennen.

Von der Hermeneutik weiblicher Sitz-Samkeit

Ich habe mir – sozusagen in bester damenphilosophischer Pädagogik – bei der Etablierung meiner These erlaubt, das hochdotierte weibliche Dressurziel namens Sittsamkeit mit -tz zu schreiben. Natürlich findet sich diese Schreibweise weder im Duden, noch im Wahrig, und auch im Wörterbuch der Gebrüder Grimm nur beiläufig. Hingegen sind die großen Konzepte der Männermoral durchsetzt mit den gleichsam unscheinbaren Blüten einer Hermeneutik weiblicher Sitz-Samkeit. Es versteht sich, daß derartige Marginalien – wie überhaupt der Bedeutungswechsel von der Sitte zur Sitz-Samkeit – für männliche Subjekte schwer lokalisierbar sind. Ein geübter weiblicher Blick demaskiert dagegen sofort den Etikettenschwindel ethischer, literarischer und anderer Fachmänner.

Kurz: Das männliche Bedürfnis nach gesitteter Weiblichkeit wird soweit getrieben, daß der räumliche Ort der Frauen gleichsam begrenzt wird. *Frauenzimmer? – in die Frauenzimmer*! Und da sitzen sie denn tugendhaft in ihren Kammern, ihren Kemenaten, ihren Küchen. Ihre Lebenswelt wird auf den innerhäuslichen, innerfamiliären Raum beschränkt, sittsam sitzen sie am Stickrahmen und ihre vorgeschriebene Sanftmut und Passivität, ihre leidenschaftslose Schläfrigkeit gleicht sie immer mehr einem leblosen häuslichen Möbelstück an. Bald sind sie nichts anderes mehr als sitzende, sittsame Besitzobjekte. Ihre Sitz-Samkeit garantiert ihre Besitz-Barkeit. Die Mauern europäischer Häuslichkeit sind ebenso stark wie diejenigen des orientalischen Harems. Der Eheherr ist nur eine europäische Variante des orientalischen Haremsherrschers; Besitzobjekte sind die Frauen hier wie dort.

Männermoral: Von weißen Zähnen zu reinen Herzen

Damit ist exponiert, daß die weibliche Sittsamkeit im zivilisierten Europa des achtzehnten Jahrhunderts nichts anderes ist als eine Miniaturausgabe der Sittengesetze im orientalischen Harem. Vielleicht tönt die These etwas übertrieben. Mag sein. In diesem Falle empfiehlt sich ein Blick auf andere Bestimmungen der weiblichen Tugend; auf weitere Grenzziehungsunternehmen zwischen männlichem Sittengesetz und weiblicher Sittsamkeit. Selbstredend kommt man hier an Rousseau nicht vorbei, der ebenfalls einen prominenten theoretischen Beitrag zur weiblichen Sittsamkeitsperfektionierung beisteuert. Im seinem edukatorischen Bestseller des Titels *Emile oder Über die Erziehung* finden wir folgende grundsätzliche Überlegung:

> Die Erforschung der abstrakten und spekulativen Wahrheiten, der Prinzipien, der Axiome in der Wissenschaft, alles, was darauf hinaus will, die Vorstellungen zu verallgemeinern, gehört nicht zu den Aufgaben der Frauen, ihre Studien müssen sich alle auf die Praxis beziehen; ihre Sache [der Frauen] ist es, die Prinzipien, die der Mann erforscht hat, anzuwenden ...[2]

Abbildung (18)
Jean-Jacques Rousseau und seine Gönnerin Madame de Warrens.
Aus Rousseau: *Oeuvres complètes (Paris 1788–1793).* Kupferstich nach Lebarbier, von Ghendt.

Und nochmals Rousseau: „Die Männer können besser über das menschliche Herz philosophieren, die Frau aber kann besser im menschlichen Herzen lesen. An ihr ist es, sozusagen die Erfahrungsmoral zu finden, an uns, sie auf ein System zu reduzieren."[3] Der Mann begründet die Prinzipien der Moral, das Sittengesetz, während der Frau die schwierige Aufgabe zufällt, moralische Normen in die Praxis umzusetzen. Es ist an dieser Stelle beinahe überflüssig zu erwähnen, daß auch bei Rousseau der weibliche Tugendkatalog in den bekannten Schwerpunkten weiblicher Sittsamkeit, also in Passivität, Keuschheit, Güte, Liebe, in apriorischem Verzeihen und so fort besteht. Man kann sich einen weiteren Gang durch die Philosophiegeschichte durchaus ersparen. Die Etablierung des weiblichen Tugendkataloges im achtzehnten Jahrhundert ist derart schlagend und *unisono*, daß mit der Zeit gewissermaßen fraglos davon ausgegangen wird, den Grad weiblicher Sittsamkeit ganz konkret aus den Gesichtszügen der Frauen abzulesen. Johann Caspar Lavater, der Zürcher Aufklärer und Begründer einer wissenschaftlichen Physiognomik, vertritt die Meinung, die „Natursprache der Tugend" sei in den Gesichtszügen der Menschen abzulesen. In seinen *Physiognomischen Fragmenten zur Beförderung der Menschenkenntnis und Menschenliebe*, die 1775 in Winterthur erscheinen, finden wir folgendes:

„Was mildert mehr die männliche Rauhheit ... als der herzvolle Blick eines edlen, wohlgebildeten weiblichen Geschöpfs? als das Darstrecken einer sanften weiblichen Hand? als die Morgendämmerung einer zurückgehaltenen Träne – Welcher Sünder muß da nicht aufhören zu sündigen?"[4] Und weiter: Was die Welt Schönheit nenne, sei letztlich „ein Angesicht von beinahe klösterlicher Jungfräulichkeit, das jedes Beben, jedes Leiden in der verborgendsten Nerve des Angesichts ihres Gatten fühlt."[5]

Bei Lavater wird weibliche Physiognomie zum direkten Maßstab für weibliche Sittsamkeit: Die weibliche Schönheit ist Repräsentantin weiblicher Unschuld; die „grossbogige Stirne signalisiert Empfänglichkeit für alle Belehrungen, die ein weiser Mann ihr geben kann"; und die „theilnehmendste Güte des Herzens ... ergiesst sich durch ihre unbeflecklichen weissen Zähne" – für die Zeitgenossen der Dentalhygiene vielleicht eine etwas überholte Behauptung.

Abbildung (19)
„... was mildert mehr die männliche Rauheit
als der herzvolle Blick eines edlen weiblichen Geschöpfs?"
Kupferstich von Johann Heinrich Lips zu J.C. Lavaters *Physiognomischen Fragmenten ...*
in der Ausgabe von 1787.

Und von der Physiognomik zur Literaturgeschichte: Auch hier findet die weibliche Sittsamkeit bekanntlich kräftigen Niederschlag. Man denke etwa an die ebenso blutlosen wie sittlich hochdotierten Keuschheitsheldinnen im bürgerlichen Trauerspiel; an die sittsamen und doch so persönlichkeitslosen Miss Sara Sampsons und Emilia Galottis bei Lessing; man denke an die naiv anmutende Tugendheroin Luise Miller in Schillers *Kabale und Liebe*.

Produktionsgeheimnisse der Männermoral

Einzig die betrogenen Frauen und natürlich die Männer wissen um das sorgsam gehütete Geheimnis dieses traurigen bürgerlichen Spiels um die weibliche Tugend. Es ist gerade Lessings Mellefont, Verführer der ehemals tugendhaften Miss Sampson; Mellefont, dieser casanovistische Tausendsassa, dieser charmante Frauenbetörer, der gewiß nicht nur Charme, sondern auch noch Geist besitzt, also eine explosive Mischung, welcher das sorgsam gehütete und doch allen denken dürfenden Leuten bekannte Geheimnis ausplaudert: Wenn ein einziger Fehltritt die Tugend ruiniere, so „ist kein Mensch tugendhaft, so ist die Tugend ein Gespenst, das in der Luft zerfließt, wenn man es am festesten umarmt zu haben glaubt."[6] Für einen vernünftigen, nicht einmal übertrieben klugen Menschen – das sind die Casanovas nämlich nie, sonst wären sie präzis keine Casanovas – für einen denkenden Menschen ist der Gefängnischarakter weiblicher Sittsamkeit augenfällig, nicht hintergehbar, nicht wegsteckbar. Nur eben: Mittlerweile gehörte ja sogar das Nicht-Denken-Dürfen schon zum weiblichen Tugendkatalog. Wie heißt es bei Lessing, aus dem Mund der klugen Gräfin Orsini: „Ein Frauenzimmer das denket, ist eben so ekel als ein Mann, der sich schminket."[7]

Auch Kant gehört übrigens zu denjenigen, die durchaus die Produktionsgeheimnisse weiblicher Sittsamkeit kennen. In seinem handschriftlichen Nachlaß findet sich folgendes Zitat: „Wenn man bedenkt, daß Mann und Frau ein moralisch Ganzes ausmachen, so muss man ihnen nicht einerlei Eigenschaften beilegen, sondern dem einen solche Eigenschaften, die dem anderen fehlen."[8] Ob Kant hier der Polarisierung zwischen männlicher und weiblicher Tugend das philosophische Rüstzeug gegeben hat oder ob er eine subtil-demaskierende Kritik eben am Auseinanderfallen zwischen männlichem Sittengesetz und weiblicher Sittsamkeit übt, kann hier nicht extensiv debattiert werden. Doch meines Erachtens ist gerade Kant hier einiges kritischer und *selbst*kritischer als die Mehrzahl der damaligen männlich-philosophischen Sittengesetzgeber.

Kurzum: Ich meine, der Tugenddiskurs im achtzehnten Jahrhundert ist zur Hauptsache ein großangelegter Unterwerfungsversuch weiblichen Seins unter den von männlichen Sittengesetzgebern etablierten weiblichen Tugendkatalog, eine epochale Gehorsamkeitsprüfung sämtlicher Frauen, ein Test ihrer moralischen Unterordnungsbereitschaft. Sein gesellschaftlicher und philosophischer Hintergrund, meine ich, entspricht durchaus einem ebenso epochalen Auslagerungsprozeß des Sittlichen aus den Obliegenheiten der Männer. Dem aufkommenden Bürgertum, der geschäftig das Warengesetz entdeckenden und ankurbelnden Moderne, repräsentiert durch die Gesamtheit der in der „Welt draußen" tätigen Männer, ist eine Sittlichkeit obsolet geworden, die bislang die Legitimität, also das moralisch Gute, vor die Legalität, die positivrechtliche Norm gestellt hatte. So werden nun gerade die Frauen zum Hort einer hypostasierten, einer wasserköpfig gewordenen Sittlichkeit. Subtil und beinahe unmerklich findet die Verinnerlichung einer spröden, lust- und lebensfeindlichen Sitz-Samkeit statt.

Kant noch hatte die sittlichen Blumen gelobt, mit welchen in Europa das Geschlechterverhältnis durchwoben sei. Mit nüchternen Augen, vielleicht mit denjenigen der persischen Reisenden betrachtet, finden wir im Europa des achtzehnten Jahrhunderts nichts anderes als – wie Kant über die Verhältnisse bei den Schwarzen urteilte – die Weiblichkeit in „tiefster Sklaverei". Dirigiert vom männlichen Sittengesetz fällt die europäische Weiblichkeit in einen zwar aufoktroyierten, aber dennoch *epidemischen Tugendtaumel*; in eine ubiquitäre Tugend*diktatur*, die unter der rosigen Etikette weiblicher Sitz-Samkeit gefängnishafter funktionierte als jedes reale Gefängnis, sicherer noch als der orientalische Harem, in dem immerhin gelegentlich ein Aufstand stattfand. Harem wie Sittsamkeit erscheinen gewissermaßen als eigentliche Realinszenierungen von Männerphantasien. Der Harem, der Blick in den Orient, ist im Wesentlichen nur eine Projektion, ein Spiegelbild der ebenso haremsartig funktionierenden Verhältnisse in Europa. Einzige Differenz: Die Gitterstäbe des europäischen Serails bestehen aus subtilerer Materie; sie sind mit den Mitteln moderner Sozialtechnologie und aus dem Material juridischer und intellektueller Entmündigung der Frauen geschweißt.

Montesquieu läßt den Obereunuchen, also den Wärter im Harem von Usbek, sagen: „Ich herrsche im Serail wie in einem kleinen Reich und ... sehe mit Vergnügen, daß alles von mir abhängt. Haben [die Frauen] etwas im Sinne, biete ich sogleich Einhalt ... und führe immer nur die Worte Pflicht, Tugend, Keuschheit, Sittsamkeit im Munde.“[9] Das also ist die Rezeptur der Männermoral, des männlichen Sittengesetzes.

Usbek & Rhedi in den 90er Jahren, oder: Weiblichkeit als Selbstdressur?

Und dennoch glaube ich nicht, daß die altbekannte Rechnung aufgeht: Die Männer einmal mehr als böse Kerls und pathologische Frauenunterdrücker, die Frauen als Tugendengel, die wieder einmal schuldlos unter die Räder der männlichen Weltgeschichte geraten sind. Immerhin: Für diejenigen, die es wissen wollten, war und ist die Mechanik des Sittengesetzes durchschaubar, 1721, bei Montesquieu ebenso wie heute. Frauen haben sich durchaus die Zwangsjacke weiblicher Sittsamkeit überstreifen lassen; sie sind nicht ganz unschuldige Opfer, sondern eher mitverantwortliche Mittäterinnen. Darauf hinzuweisen ist mir wichtig, weil gerade heute, in den sogenannten ‚nach'-emanzipatorischen Jahren (eine Bezeichnung, der ich mich inhaltlich nicht anschließen kann), klassische Weiblichkeitswerte wieder eine nicht geringe Rolle zu spielen beginnen.

Die kleine Philosophiegeschichte von Männermoral, weiblicher Sitz-Samkeit und männlichem Sittengesetz läßt sich bequem vom achtzehnten in unser zwanzigstes Jahrhundert verlängern. Man stelle sich zu diesem Zweck nur folgendes Gedankenexperiment vor: Usbek und Rhedi, die beiden Perser, kommen zum Ausklang des zwanzigsten Jahrhunderts nochmals nach Europa. Diesmal steht nicht Frankreich, sondern die Schweiz, diese herzallerliebste aller Skandalnationen, auf ihrem Reiseplan. Wie dürften wohl diese Perserbriefe aussehen? Zunächst würden die beiden vielleicht am Flughafenkiosk die neueste Ausgabe einer deutschen Illustrierten kaufen. Schlagzeile: „Hörigkeit. Abgöttisch lieben und höllisch leiden". Es seien mehrheitlich Frauen, die das tun. Danach ein Blick auf die ebenfalls erhältlichen populärwissenschaftlichen Bestseller: Eine Robin Norwood beschreibt, daß auch im zwanzigsten Jahrhundert die „Frauen zu sehr lieben". Gleich nebenan ein Buch des Titels: *Beim nächsten Mann wird alles anders*; Jahresbestseller der späten 80er Jahre mit guten Erfolgschancen für die 90er; ebenfalls verfaßt von einer Frau.

Viel scheint sich also im Reich der Geschlechterverhältnisse nicht geändert zu haben. Möglicherweise kriegten Usbek und Rhedi auch noch den „Blick"-Aushang von vorletzer Woche zu Gesicht: „Ehefrau verweigerte Gutenachtkuss – erstochen." Was übrigens kein Scherz ist.[10] Etwas irritiert über die merkwürdigen Liebessitten im gelobten Land Schweiz ließen sie sich nun von einer verständlicherweise frustrierten Feministin mit Fakten über die aktuelle Geschlechterrelation ausstatten. Etwa, daß trotz formaljuristisch sanktionierter Gleichberechtigung die durchschnittliche Lohndifferenz zwischen Männern und Frauen um die 30 % läge,[11] daß es an der Philosophischen Fakultät I einer der schönsten schweizer Hochschulen zwar mittlerweile über 50 % Studentinnen, aber dennoch erst 2 % Professorinnen gäbe.[12] Vielleicht würden die feministischen Damen auch noch darüber räsonieren, weshalb wohl gerade in der humanitären Schweiz die Vergewaltigung der eigenen Ehefrau keinen Straftatsbestand darstelle. Und so weiter, und so fort.

Historische Geschlechtskrankheiten & die Feminisierung der Männermoral

Höchstwahrscheinlich würden diese neuen Perserbriefe keine Bestseller. Das Publikum kennt, so ist anzunehmen, die Argumente mittlerweile zur Genüge. Aber unsere spätmodernen Perser würden vielleicht auch noch etwas Anderes als nur emanzipatorische Defizite feststellen können: Nämlich einen gerade bei Männern vernehmlichen Ruf nach einer ‚Feminisierung', einer Verweiblichung der Gesellschaft. Im Zeitalter ‚männlich' besetzter Werte wie totale Konkurrenz, höchstmöglicher Profit, grenzenlose Mobilität, Dauerstress, endlose Effizienzsteigerung und so fort gewännen gerade klassisch ‚weibliche' Werte wie Ruhe, Liebe, Fürsorge, vielleicht auch Schonung und Sanftmut neue, und zwar positive, gar menschheitsrettende Dimensionen. Der weibliche Tugendkatalog, Weiblichkeit schlechthin, sei zum Hoffnungsträger einer Gesellschaft geworden, die sich ökologisch am Rand des Abgrundes befinde; eine Gesellschaft, die bedürftig ist nach Ruhe, nach Versöhnung von Mensch und Natur. Diese Bedürfnisse sind ernst zu nehmen. Der Mensch hat ein Anrecht auf Wohlergehen, auf Liebe, auf Glück. Und dennoch ist diese „Feminisierung" verdächtig. Denn offensichtlich hat vor allem bei Frauen das Schlagwort der neuen Weiblichkeit Anklang gefunden; „endlich, endlich sind wir wieder nötig". Nachdem es die feministischen Rezepte nicht gebracht haben: Versuchen wir's doch mit neuer Weiblichkeit!

Aller guten Dinge sind drei

An dieser Stelle drängen sich drei Dinge auf, als da wären: Eine leicht befremdliche Feststellung, eine provokative Behauptung und ein versöhnlicher Vorschlag. Die leicht befremdliche Feststellung ist diejenige, daß wir uns heute tatsächlich wieder in einer Zeit des Tugend- und Wertewandels in Sachen Geschlechterdifferenz befinden. Aktuell können wir, wenn wir es nur sehen wollen, eine Ablösung oder doch zumindest einen Ablösungsprozeß des klassisch harten männlichen Tugendkatalogs zugunsten weicherer, ‚weiblicher' gesellschaftlicher Umgangs- und Seinsformen feststellen. Wenn auch noch nicht viel Konkretes in die Richtung geschieht: Schonender, bewahrender, liebevoller, im besten Sinne erotischer Umgang mit Natur und Mensch ist angesagt. Etwas plakativ formuliert: Harte Männlichkeit soll durch ‚weiche' Weiblichkeit abgelöst werden. Aber – dies, zweitens, die provokative Behauptung – „Männlichkeit und Weiblichkeit sind historische Geschlechtskrankheiten". So jedenfalls formuliert es die Berliner Professorin Christina Thürmer-Rohr.[13] Was wir klassisch als männliche und weibliche Werte definieren, hat viel mehr mit belastender, gar krankmachender Wertsetzung und Verhaltenssteuerung zu tun, als mit dem, was konkrete Männer und Frauen heute tun und sein wollen. Vielleicht entpuppt sich diese neue Weiblichkeit auch nur als jene sattsam bekannte Form der Sitz-Samkeit mit dem indiskreten Charme eines emotionalen Hochsicherheitstraktes.

Ob Frauen dieses Versittlichungsmoment in der Menschheitsgeschichte aktuell überhaupt noch wahrnehmen wollen, scheint mir äußerst fragwürdig. Die einstmals positiv gedachte Funktion guter, sittlicher Weiblichkeit hat heute in der Tat zunehmend die Funktion eines „Putz- und Entseuchungsmittels" erhalten, wie es Thürmer-Rohr formuliert. Der Ruf nach einer umfassenden Feminisierung, nach der Verweiblichung der Gesellschaft, sei letztlich nur der Versuch der Männer, sich aus der eigenen Tätergeschichte herauszustehlen. Indem gerade die Frauen die Feminisierung der Gesellschaft und damit gewissermaßen das Echappieren der Männer aus der Verantwortung ihres Tuns befürworteten, sei die vielgepriesene neue Weiblichkeit durchaus nichts anderes als ein Großreinemachen der Gesellschaft auf Kosten der Frauen.

Dennoch, *drittens*, ein versöhnlicher Vorschlag im Sinne eines gepflegten Diskurses zwischen den Geschlechtern: Wie wäre es, meine Herren, wenn Sie die pflegliche Gestaltung des Alltags, die Verweiblichung der Kultur, nicht einfach nur forderten und insgeheim von Frauen erwarteten? Erotisieren Sie doch etwas den Alltag! Überlassen Sie das phantastische Land des Gefühls nicht kampflos den Frauen! Schmücken Sie Ihre scharfsinnigen Überlegungen *con amore*; gründen Sie Ihre Prinzipien einmal nicht nur auf der guten alten *ratio*, sondern versuchen Sie es mit dem Sentiment. Viel Bedenklicheres als die rationalistischen Spitzenprodukte namens Gen- und Atomtechnologie werden dieser neuen Mixtur von Eros & Vernunft sicher nicht entspringen.

Jedenfalls: Ebensowenig wie Nachdenken eine Spezialaufgabe nur von Philosophen – und seltener: Philosophinnen – ist, ebensowenig ist das Gefühl, die Re-Erotisierung der Welt als sinnliche und intellektuelle Ganzheit, eine Aufgabe, die nur Spezialistinnen der Weiblichkeit zukommt. Ich plädiere damit für ein Sein, das nicht mehr wie gelähmt in den historischen Geschlechtskrankheiten separatistischer Männlichkeit und Weiblichkeit verbleibt; ich plädiere für einen undogmatischen Umgang mit der Geschlechterdifferenz. Und ich plädiere sogar für eine gelegenheitliche Geschlechtswahl, für einen listigen *Geschlechteroccasionalismus*, der die Grenzen zwischen den Geschlechtern oszillierend, weich und brüchig macht; der uns auch als Geschlechtswesen weder zum männlichen Sittengesetz noch zu weiblicher Sitz-Samkeit zwingt.

* * *

Etwas erschöpft nach den vielen Plädoyers im heiklen Land der Geschlechterrelation kommen wir endlich zu Capitulum elf, allwo ein eher entspannender Blick auf das amüsante Alltagsgewand der Geschlechtermoral geworfen werden soll. Vorhang für Ninon de Lenclos & Giacomo Casanova!

Elftes Kapitel

–

welches Ninon de Lenclos, Kurtisane & Giacomo Casanova, Chevalier de Seingalt, in ein Expertengespräch über praktische Männermoral und weibliche Tugend verwickelt. Gefolgt von einigen Bemerkungen zur moralischen Verfaßtheit der Geschlechter heute.

Jenseits von dogmatischen Sittengesetzen und normativen Dressurversuchen in Sachen Eros & Co. lassen wir zwei schulphilosophisch kaum verbildete Experten in Sachen Männermoral und Damenphilosophie zu Wort kommen. Für die männermoralischen Sachfragen ist nochmals unser Bekannter Giacomo Casanova zuständig. Die Damenphilosophie können wir getrost einer der klügsten und damit größten Kurtisanen aller Zeiten überantworten; Ninon de Lenclos. Sollten dennoch brisante *quaestiones* auftreten, werden wir uns nicht scheuen, den Rat des freundlichen Herrn Kant einzuholen. Ein Hinweis sei noch erlaubt: Wie bei Experten üblich, werden sich die Dame und der Herr gelegentlich auch ins Fachgebiet des & der jeweils Andern einmengen. Seis drum. So ist es mit den Geschlechtern: ein dauerndes Durch-Ein-Ander.

Von der schlackenlosen Männermoral

Der Titel ist barock genug; ich kann direkt ins letzte Drittel des siebzehnten Jahrhunderts überleiten, in welchem sich eine Frau mit Jahrgang 1620 über die Tauglichkeit moralischer Prinzipien zur Regulation amouröser und anderer Beziehungen zwischen den Geschlechtern bemerkbar macht. In den Briefen der Ninon de Lenclos, einer leidlich unakademischen Schriftstellerin (oder Kurtisane, folgt man einschlägigen Lexikonartikeln), finden sich zwar Betrachtungen mit kryptophilosophischen Titeln wie: *Welches die einzig vernünftige Metaphysik in der Liebe sei* oder *Über den Unterschied zwischen einer tugendhaften Frau und einer Prüden.* Dennoch ist es beinahe unnötig zu sagen, daß Ninon de Lenclos nicht einmal die Ehre hatte, als mediokre Salonphilosophin in eine – allerdings noch zu schreibende – Geschichte der Alltagsphilosophie einzugehen. Gelegentlich werden zwar einige Bonmots von ihr zitiert, etwa dasjenige: Prüde Frauen sind nichts anderes als „Jansenistinnen der Liebe", aber im allgemeinen schließt man[N] sich Kants Urteil an, welcher 1764 ziemlich despektierlich verlauten ließ: „Die Jungfer Ninon Lenclos machte nicht die mindesten Ansprüche auf die Ehre der Keuschheit, und gleichwohl würde sie unerbittlich beleidigt worden sein, wenn einer ihrer Liebhaber sich in seinem Urteile so weit [ihr Unkeuschheit vorzuwerfen], sollte vergangen haben."[1]

Weshalb diese leicht pikante Geschichte referiert wird, hat den einfachen Grund, daß sie mit der Frage nach der all-täglichen Praktikabilität von männermoralischen Syllogismen verbunden ist. Ninon de Lenclos stellt sich nämlich die Frage nach dem Wirksamwerden moralischer Normen. Nur tut die Dame dies durchaus nicht anhand klassisch-philosophischer Fragestellungen wie: „Ist Moralität gelebte Sittlichkeit?", oder etwa: „Prägt sich eine normative Sexualethik in geschlechterdifferenter Prinzipienmoral aus?" – Derartig verstellendes Fragen liegt Ninon fern. Und trotzdem möchte ich mit Fug behaupten, daß Madame de Lenclos durchaus eine Antwort auf die Frage gibt, was denn Prinzipienmoral auf dem etwas schwierigen Terrain zwischen den Geschlechtern taugt. Nämlich: Gar nichts. Oder anders und im Originalton: „Die Sittenverderbnis" – so Ninon de Lenclos – sei im Moment „so groß, daß man gegenwärtig alle Vorzüge der Galanterie für problematisch erklären möchte."

Man klagt somit wieder einmal über den Sittenzerfall, insbesondere zwischen den Geschlechtern. Nach dem Willen öffentlicher Sittenwächter sollen an die Stelle der ehemaligen „Vorzüge der Galanterie" nun reine Tugend und strenge moralische Prinzipien treten. Der Kommentar Ninon de Lenclos' im Brief an einen Freund: „Aber möge Ihre [Männer-] Moral noch so schlackenlos sein, sind Sie auch sicher, daß sie allgemein gefallen wird?" „Die großen Tugenden", die jetzt wieder gepriesen würden, seien „wie Goldstücke; sie sind weit weniger im Umlauf, als die

Abbildung (20)
Ninon de Lenclos' *„Opernmoral"*:
Moreau le Jeune: *La débutante en petite loge.*
Kupferstich von Patas.

Scheidemünze." Und zudem: Die auf Vernunftprinzipien gegründete Moral sei sowieso eine nicht nur seltene, sondern äußerst langweilige und damit unattraktive und praxisuntaugliche Variante des Seins. Speziell für die Frauen, denn „was in aller Welt sollen wir denn anfangen mit der mathematischen Genauigkeit Eures Verstandes?" Und zum Schluß ein Kommentar, den zu zitieren ich mich nicht enthalten kann: „Und wie würdet Ihr Männer Euch langweilen und sogar abgestoßen fühlen, wenn Ihr als nur vernünftige Wesen dazu verurteilt wäret, nur gelehrt und positiv zu sein und immer mit Philosophen zu verkehren?"[2]

Über Moral & scharfgewürzte Speisen

Ich fasse zusammen, beziehungsweise ich erlaube mir eine Interpretation. Wenn Moralität im ontologischen Land der Geschlechterdifferenz als Theorie mit normativem Anspruch, als Prinzip daherkommt, ist – jedenfalls bei Ninon de Lenclos – ihre alltagspraktische Tauglichkeit quasi *apriori* beschränkt. Die „schlackenlose Männermoral", womit letztlich auch eine deontologische Ethik gemeint sein kann, ist problematisch, weil sie nicht auf die täglichen Widersprüche des Seins, die allgemeine Unvernunft der Menschen (nicht nur) in Liebeshändeln, aber auch nicht auf die Gefühlslage der handelnden Subjekte und auf Attraktivität und Lustgehalt von gelebter Moral Rücksicht nimmt. So besehen – so Ninon de Lenclos – ist die geforderte reine Tugend buchstäblich eine „reine Opernmoral", die nach einem von Philosophen ersonnenen Spielplan funktioniere: „Jeden Mißgriff einer ungezügelten Leidenschaft setzt man [=manN] auf Rechnung der Natur, um dem eigenen Urteil die Ehre einer vernunftmäßigen Neigung widerfahren zu lassen."[3]

Dieselbe Schwierigkeit mit der normativen Sexualmoral plagt auch einen andern, sehr virilen Zeitgenossen, der öfters – nicht zuletzt von dogmatischen Fundamental-Feministinnen – als amoralischer Frauenkonsument denunziert worden ist. Ich meine Giacomo Casanova. In der Vorrede zu seiner großangelegten Lebensbeichte räumt er durchaus ein, daß ihm „der Kultus der Sinneslust ... immer die Hauptsache" gewesen sei. Und Frauen, könnte man hinzufügen, rangieren bei ihm neben den Köstlichkeiten der Speisekammer. Immerhin finden wir folgen-

Abbildung (21)
Zu Giacomo Casanova, die Frauen & die „Köstlichkeiten der Speisekammer":
Moreau le Jeune: *Le souper fin*. Kupferstich von Helman.

des Zitat: „Ich liebte alle scharfgewürzten Speisen: ... recht klebrigen Neufundländer Stockfisch, Wildbret im höchsten Stadium des Duftes und von Käse gerade diejenigen Sorten, deren Vollendung sich dadurch zeigt, daß die Tierchen, die sich in ihnen bilden, sichtbar werden." Von den Käsetierchen geht es übergangslos zu den Menschenweibchen:

„Süß fand ich stets den Geruch der Frauen, die ich geliebt habe, und je stärker eine roch, umso süßer schien sie mir. Was für ein verderbter Geschmack! wird man sagen; welche Schamlosigkeit, ihn ohne Erröten einzugestehen! ... Glücklich, wer sich Genüsse zu verschaffen weiß, *ohne anderen zu schaden*. Töricht, wer sich einbildet, das Höchste Wesen könnte Wohlgefallen daran finden, daß ihm Opfer, Schmerzen, Qualen und Entbehrungen geweiht werden, und Es liebe nur die Überschwenglichen, die sich dergleichen auferlegen. Gott kann von seinen Geschöpfen nur die Betätigung jener Tugenden verlangen, deren Keim er in ihre Seele gelegt hat; er gab uns alles nur, um uns glücklich zu machen ... Dieses ist der stärkste Beweis für unsere moralische Freiheit ... Es ist falsch, daß echte Tugend nicht auf Belohnung Anspruch erheben dürfe, sondern dadurch ihrer Reinheit Abbruch tue." Und abschließend: „Wahrhaft tugendhaft ist nur, wer Tugend übt, ohne daß es ihm die geringste Mühe macht."[4]

Man mag von der moralisierten Sinnengenußtheorie Casanovas halten, was man will. Eines aber scheint ihm bewußt zu sein: Eine Moralität, die normativ, von außen, mit Zwangs-, Gebots- und Verbotscharakter, mit Vorschriften und Zeigefingermentalität arbeitet, wird nicht das Gute, sondern allenfalls eine Tugend der Griesgrämigkeit befördern.

Und man mag einwenden: Was hat denn das alles mit Philosophie zu tun? In der Tat. Eine berühmte Kurtisane und ein berüchtigter Frauenheld sind kaum geeignete Hauptakteure im seriösen Land ethischer Reflexionen. Gut. Also werden wir wieder etwas seriöser, das heißt philosophischer. Ich komme zum Ahnvater des Sittengesetzes, zu Immanuel Kant. Trotzdem muß ich gleich wieder enttäuschen. Dasselbe Mißtrauen in die Prinzipiengeleitetheit moralischen Alltags-Handelns findet sich eben auch bei Kant, zumindest beim vorkritischen. In den *Beobachtungen über das Gefühl des Schönen und Erhabenen*, jener witzigen Schrift von 1764, bezweifelt Kant noch deutlich, daß es gerade die Wirksamkeit moralischer *Normen* sei, die die geschlechterdifferente Moral und damit die Sexualmoral ausmache. Kant meint: „Die Tugend des Frauenzimmers ist eine schöne Tugend. Die des männlichen Geschlechts soll eine edele Tugend sein. Sie [also die Frauen] werden das Böse vermeiden, nicht weil es unrecht, sondern weil es hässlich ist, und tugendhafte Handlungen bedeuten bei ihnen solche, die sittlich schön sind." – Darauf folgt ein wunderschöner Nachsatz, in dem man Kant geradezu als augenzwinkernden Präzeptor einer genuinen weiblichen Widerstandsethik sehen kann, sofern man beziehungsweise frau will:

> „Nichts von Sollen, nichts von Müssen, nichts von Schuldigkeit. Das Frauenzimmer ist aller Befehle und alles mürrischen Zwanges unleidig." Kant fährt weiter: „Sie thun etwas nur darum, weil es ihnen so beliebt, und die Kunst besteht darin zu machen, daß ihnen nur dasjenige beliebe, was gut ist."

Nach dieser Präliminarie, die in der Tat nach gräßlichster männlicher Sozialtechnologie am weiblichen Objekt riecht, fährt Kant fort: „Ich glaube schwerlich, daß das schöne Geschlecht der Grundsätze fähig sei ... "[5]

Immanuel Kant zweifelt an der Prinzipienethik

Zwei Dinge kann man feststellen. *Erstens*: Kant zweifelt hier noch daran, daß praxiswirksame Moralität immer in Normen geronnen sein muß und, *zweitens*, scheinen Frauen moralisch prinzipienloser zu sein als Männer. Dennoch besteht kein Anlaß zu formulieren, daß Kant hier Frauen als genuin moralisch orientierungslose Wesen denunziert oder etwa als große Kinder, die im Kantschen Land einer – 1764 allerdings noch zu schaffenden – kategorial gegründeten Prinzipienethik grundsatzlos umherstreunen und damit höchst bedürftig sind nach der potenten Textur eines männlichen Sittengesetzes.

Zwar tut sich – folgt man Kant – das „schöne Geschlecht" mit den moralischen Grundsätzen schwer. Daß die Frauen dennoch das Gute tun, also moralisch handeln, daran zweifelt Kant keineswegs. Weniger Zutrauen hingegen hat er in ihr Vermögen, moralisch gut zu handeln *aus Pflicht*. Das heißt: der vorkritische Kant zweifelt hier generell an der moralischen Praxisrelevanz eines kategorischen Imperativs, wie er ihn später in der *Grundlegung zur Metaphysik der Sitten* so enthusiastisch als Probierstein wahrer Moralität begründen wird. Aber – das ist äußerst wichtig – dieser Zweifel ist ein methodischer, ein grundsätzlicher Zweifel an der Tauglichkeit der Prinzipienethik zur Transformation ethischer Normen in das alltägliche moralische Handeln *aller* Menschen, und nicht ein Zweifel an der moralischen Prinzipientauglichkeit nur der Frauen. Wer die Stelle in den *Beobachtungen* genau liest und nicht immer *praecox*, das heißt nach dem Frauenzitat, mit der Lektüre abbricht, sieht Kant nämlich noch anführen: „Ich hoffe, dadurch nicht zu beleidigen, denn diese [die Grundsätze] sind auch äusserst selten beim männlichen [Geschlecht]."[6]

Kant geht sogar noch weiter. Er formuliert gelegentlich, daß gerade bei Männern kaum je echte Tugend zu finden sei; daß es die Männer seien, die aufgrund ihrer physischen Überlegenheit, ihrem Mehr an körperlicher Kraft, die Tendenz hätten, Konflikte eben nicht nach den Regeln des Sittengesetzes, sondern nach denjenigen unverstellter körperlichen Überlegenheit zu regeln. Eine genuine Disposition zur Brutalität, nicht zur Moralität, sei also das Naturprinzip des männlichen Menschen, während bei Frauen immerhin eine Disposition zur Moralität, zur Tugendähnlichkeit besteht. Was die Tugendähnlichkeit betrifft, kommt Kant zudem 1798 zum wörtlich beinahe identischen Schluß wie die von ihm despektierlich als unsittliche Jungfer traktierte Ninon de Lenclos 1670: „Alle menschliche Tugend im Verkehr ist Scheidemünze; ein Kind ist der, welcher sie für echtes Gold nimmt."[7] Dennoch: Kant trägt diese Überlegung unter dem Titel *Vom erlaubten moralischen Schein* vor. Tugend beginnt gleichsam beim „Kleid der Moralität", nämlich beim Anstand, bei der Höflichkeit. Dadurch, daß Menschen sich in Höflichkeit und Galanterie einüben, erproben sie spielerisch die Moralität im Umgang mit andern.

Das galt noch für beide Geschlechter. Trotzdem bleibt eine Geschlechterdifferenz bestehen, und zwar im Bezug auf die Normativität moralischen Handelns. Der Idealtypus männlicher Moralität – bei Kant – *soll* nach ethischen Prinzipien handeln, idealtypisch organisierte Weiblichkeit scheint von vornherein auf praxisuntaugliche Prinzipien zu verzichten. Hier meine ich, äußert sich eine wesentliche Differenz zwischen abstrakt-männlicher Sittengesetzorientiertheit und weiblich-praktischer Moralität.

Ich versuche jetzt etwas Schwieriges, nämlich zusammenzufassen und Lenclos, Casanova und Kant auf einen Nenner zu bringen. Zunächst: Eine *nur* normative Geschlechtermoral ist offensichtlich beiden Geschlechtern verdächtig. Vor allem dort, wo Moralität mit sinnlicher Enthaltung verknüpft wird, ist das Vertrauen in die Tauglichkeit rhetorisch-ethischer Einübungen in die Sittlichkeit limitiert.

Dennoch findet sich das Mißtrauen in die Tauglichkeit einer normativen Geschlechtermoral zur Regulation geschlechterdifferenter Konflikte bei Frauen viel ausgeprägter. Das ist einfach zu erklären. Wo Ethik als Theorie vorliegt, ist sie von männlichen Geschlechtssubjekten und Sittengesetzgebern verfaßt. Etwas bösartig formuliert: Weibliche Subjekte haben nie die Tollkühnheit besessen, ethische Global-Systeme zu entwerfen, am grünen Tisch der philosophischen Theorie universalistische Maximen auf sich und auf andere zu applizieren und dann davon auszugehen, in den Niederungen der alltäglichen Geschlechterkonflikte – denn dort bestehen sie, nicht so sehr in der theoretischen Erwägung – stehe danach alles zum besten.

An dieser Stelle drängen sich einige bescheidene Reflexionen auf, die ich mir erlaube, als Thesen vorzustellen:

These 1: Praxistauglichkeit ist gefragt. Und da hapert's. Als Beispiel führe man sich nur einmal die Anwendung des Universalitätsprinzips auf geschlechterdifferente Subjekte vor Augen: Kann man die Frage nach der Moral bzw. Unmoral der Vergewaltigung etwa mit dem ethischen Standardmaß des kategorischen Imperativs erledigen? Immer dort, wo es zwischen den Geschlechtern brisant wird, endet die Wirksamkeit – verstanden als ganz konkrete Veränderungspotenz – universalistischer Prinzipien. Andererseits haben die universalistischen Prinzipien als solche ja auch in der Geschichte niemals ausgereicht, explizit & immediat etwa die politischen Rechte der Frauen herbeizuführen.

Man muß dabei gar nicht zur französischen Revolution und zum Nicht-Einschluß weiblicher Menschen in den universalistischen Geltungsbereich der Menschenrechte zurückgehen. Ein aktuelleres, auf schweizer Verhältnisse bezogenes Beispiel findet sich im Artikel 4 der Schweizerischen Bundesverfassung, der bekanntlich 1981 explizit mit einem Absatz 2 „nachgerüstet“ werden mußte, damit das universalisti-

sche Prinzip des Gleichheitsgrundsatzes auch für Schweizer*innen* gelte.[8] Ob es in der Realität allerdings gilt, beispielsweise im Bereich der gleichen Entlöhnung für gleichwertige Arbeit, sei offengelassen. Es gäbe – bald ein Jahrzehnt nach der Einführung des Gleichheitsgrundsatzes – meines Erachtens hingegen einige Anlässe, sich die Frage zu stellen, ob die aktuelle Art der Inhaltsfüllung des Gleichheitsprinzips für weibliche Subjekte faktisch nicht auf eine *égalité à pire* hinauslaufe. Damit meine ich den Umstand, daß Schweizerinnen seit 1981 vornehmlich an den Mißständen männlicher Existenz gleichberechtigt zu partizipieren beginnen dürfen (Nachtarbeit, Militär*pflicht*, Feuerwehr*pflicht* etc.), nicht aber etwa am Honigmond der nachwievor deutlich höheren Männerlöhne, Karriere- und Selbstbestimmungschancen insgesamt.
Oder kürzer und als *These* 2: Es sind nicht die großen Moralen und ethischen Entwürfe, die den Gang der Ereignisse an der Geschlechterfront beeinflussen.
These 3: Wer sich zur Frage äußert, wie moralische Werte an der Geschlechterfront wirksam werden, befindet sich von vornherein in einer ziemlich hoffnungslosen Situation, nämlich in einem klassischen performativen Selbstwiderspruch. Wo das Comportement, der gute Ton – ich benutze sogar den traditionalismusverdächtigen Terminus „Anstand" – abhanden gekommen sind, macht sich die pure, interessengeleitete Geschlechtermechanik breit, eine meines Erachtens ziemlich degoutante Angelegenheit. Wer den liebenden Umgang mit sich verloren hat, wird auch ordentlich Schwierigkeiten mit der Moralität im Umgang mit Andern haben. Selbstkultur, erotische Kultur und Moralität haben erfahrungsgemäß sehr viel miteinander zu tun. Und wo freundliche und pflegliche Werte im Umgang mit sich und Anderen abhanden gekommen sind, bleibt nicht mehr viel. Schon gar keine Hoffnung auf das Glücken eines moralischen, oder – wer will – sittlichen Nacherziehungskurses in Sachen Geschlechterdifferenz.
These 4: Es gibt gute Gründe, sich skeptisch zu fragen, welchen Sinn es macht, mit – sicher wohlbegründeten und „guten" – moralischen Normen erwachsenen Menschen nachzurennen, die sich in freudigster Selbstzufriedenheit mit der Arroganz der Macht durchs Leben bringen; Subjekte, die auf krude physische oder materielle Potenz abstellen, kurz: Menschen, denen ihr moralisches Selbst-Profil an sich *wurscht* ist. Morali-

Abbildung (22)
Zu Knigge: „Nichts ist so geschickt, die letzte Hand an die Bildung des Jünglings zu legen, als der Umgang mit tugendhaften und gesitteten Weibern."
Darstellung einer Tugendhaften in Lavaters
Physiognomische Fragmente ...,
Ausgabe von 1787.

tät und Selbstkultur lassen sich nicht von außen an Subjekte ankleben. Ebenso sinnlos wie eine nach-trägliche Reparatur-Ethik ist meines Erachtens eine – man verzeihe mir den uneleganten Terminus – „geschlechtssubjektmoralisierende Sonntagsschule" nach dem gewalt-all-täglichen Umgang zwischen Männern und Frauen.

Ich schließe mit Knigge, der ja bekanntlich alles andere ist als ein oberflächlicher Anstands-Pastor. Knigge entwirft – als eigenständiges Unterkapitel seines Versuches *Über den Umgang mit Menschen* – auch den für Männer angezeigten „Umgang mit Frauenzimmern". Wir nehmen folgende Belehrung zur Kenntnis:

> Nichts ist so geschickt, die letzte Hand an die Bildung des Jünglings zu legen, als der Umgang mit tugendhaften und gesitteten Weibern. Da werden die sanftern Tinten in den Charakter eingetragen; da wird durch mildere und feinere Züge manche rauhe Härte gemäßigt – kurz, wer nie mit Weibern bessrer Art umgegangen ist, der entbehrt nicht nur sehr viel reinen Genuß, sondern er wird im geselligen Leben nicht weit kommen, und den Mann, der verächtlich vom ganzen weiblichen Geschlechte denkt und redet, mag ich nicht zum Freunde haben.[9]

Eine Zwischenbemerkung

Man verstehe mich nun nicht falsch. Ich will damit gar nicht etwa die Augen vor den aktuellen Zuständen verschließen und ins freundliche Rokoko mit seinen netten Umgangssitten und galanten Herren zurückspazieren. Natürlich bin ich mir bewußt, daß der freundliche und galante Umgang, mit dem äußerlich korrekte Herren auch im zwanzigsten Jahrhundert gelegentlich bei weiblichen Subjekten brillieren, durchaus noch kein zureichendes Indiz einer redlichen und geschlechterdifferenzierten Sexualmoral des solchermaßen galanten Herrn sein muß. Ich erinnere nur an jenen Typus von männlichem Vorgesetzten, der einer Stellenbewerberin vor dem Anstellungsgespräch höflich aus dem Mantel hilft und sie – nachdem die Dame auf 20 % ihrer laut BV Art. 4bis formal berechtigten Gehaltsforderungen verzichtete – mit einem formal unberechtigten Klaps auf den Po verabschiedet.[10] Sicher: Jede Form der Höflichkeit, Galanterie männlicher – und etwas seltener:

weiblicher – Provenienz, kann reinstes Kalkül und absolute Verhaltenstechnik sein; gelernt auf Manager-Trainings-Kursen und in billigen Ratgebern für noch billigere Frauen-Verführer. Aber: Nicht jede Form der Höflichkeit und Galanterie muß deswegen schon verdächtig sein. Es gibt auch Höflichkeit, Freundlichkeit, Entgegenkommen, letztlich Sensibilität für andere Menschen, die Ausdruck einer pfleglichen Selbstkultur des solchermaßen „anständigen" Menschen sind. Und diese Kultur des Anstands als Indiz „wahrer Moralität" (Kant) ist hier – auch bei Knigge – gemeint.

Letzte These mit leicht provokantem Unterton: Im Nachlaß Kants findet sich die kurze und – *prima facie* – etwas irritierende Bemerkung: „Das Frauenzimmer ist der Wetzstein der Tugend...".[11] Trotz der leicht instrumentalisierten Weiblichkeit: Es gibt keinen Anlaß zu Misogynieverdacht. Ob bei Knigge als Anstandsverbesserinnen, bei Kant als Tugendverbreiterinnen: Wer guten Einfluß auf die Moralität eines Andern hat, der trägt vielleicht am direktesten und konkretesten zum Wirksamwerden moralischer Werte bei. Ich will nicht behaupten, daß Frauen „bessere" Menschen sind. Aber: Wo es um die Frage einer *Ästhetik der Existenz* und überhaupt der moralischen Selbstkultur geht, scheinen weibliche Wesen nicht nur eine historisch nachgewiesene, sondern auch eine aktuelle Überlegenheit zu besitzen. Auch hier möchte ich um nichts in der Welt behaupten, daß ich recht habe. Aber sollte ich dennoch recht haben – was gelegentlich eintritt –, so gibt es für Männer gewiß keinen Anlaß, verstimmt zu sein. Sondern höchstens: die Frauen in diesem Punkt nachzuahmen.

* * *

Nach diesem leichten Zwischentief in Sachen Männermoral kommen wir mithin zum letzten Capitulum unserer un- & vernünftigen Geschichte über die lächelnde Vernunft, allwo die Verbindung der Sinne und der *ratio* konkret unter dem Stichwort ‚Männermoral' traktiert wird. Gemeint sind natürlich die Herren Materialisten und deren verrufener Kronprinz, der Marquis de Sade, der in bester Tradition und gewiß nicht ohne Vorbilder nachweist, daß die Philosophie ihren Ort durchaus nicht nur in Köpfen & Büchern, sondern ebenso im Boudoir und daselbst im Eros haben kann. Und mit dieser – zugegebenermaßen paradoxen, unkeuschen & der Philosophie selbst gelegentlich ungemütlichen – Wiedererinnerung an den Eros der Antike schließt sich die kleine Erzählung. Das letzte Wort allerdings wird der Marquise de G*** gehören.

Zwölftes Kapitel

–

in welchem die Herren Marquis d'Argens, Choderlos de Laclos und Monsieur le Marquis de Sade ihre Theresen, Sophien, Caecilien, Justinen & Julietten in die philosophischen Boudoirs führen.

Rousseau und die Folgen

Aus der Perspektive einer Kultur, die die Sinnenfreude und den Eros in ihrer Mitte nicht mangeln mag, dürfte Rousseau gewissermaßen als ideengeschichtlicher Gewalttäter archiviert werden. Jean-Jacques, jener ordnungsliebende Schweizer Kleinbürgerssohn, trotz vordergründiger Frankophilie letztlich mit den galanten Sitten Frankreichs nie zurande gekommen, hat der vereinigten sexualpessimistischen & erosscheuen Männerrepublik geliefert, wessen sie schon längst bedürftig war: Eine sich philosophisch nennende Legitimation des weiblichen Triebverzichtes, genannt Tugend. Es ist an dieser Stelle gewiß nicht nötig, einmal mehr in aller Breite auf die Koordinaten des Rousseauschen Weiblichkeitsentwurfes einzugehen. Einige Streusel nur mögen genügen.

Wenn Rousseau mit der Autorität eines Zirkusdompteurs meint, die Mädchen „müssen sofort an Zwang gewöhnt werden, damit er sie nie etwas kostet; sie müssen daran gewöhnt werden, alle ihre Launen zu beherrschen, um sie dem Willen der andern unterzuordnen";[1] wenn Rousseau, *in sexualibus* wahrhaft ein philosophischer Biedermann, meint, jede Weiblichkeitsdressur gelinge, sofern man[2] nur darauf achte, die Mädchen „frühzeitig an Zwang zu gewöhnen", so ist eines klar: Ein Buch mit derartigen Thesen *muß* ein Bestseller werden. *Emile oder Über die Erziehung* – ein großartiger Wurf, präzis die aktuelle männermoralische Nachfrage tugendmoderierter Weiblichkeit abdeckend. Nach 1762 läuft ein vielstimmiger, aus abertausenden erleichterter Männerkehlen stammender Stoßseufzer durch Europa. *Jean-Jacques, Göttlicher*! Rousseau, der neue Star am androzentrischen Philosophenhimmel! Rousseau, der Traum jedes Verlegers! Rousseau, Kassenschlager jeder Provinzbuchhandlung! Und schließlich Rousseau, für den ein noch unbekannter Privatdozent der Philosophie mit dem hölzernen Namen Kant, seineszeichens wohnhaft im preußischen Hinterland, tagelang seinen Buchhändler mahnt, ihm nur ja endlich den *Emile* zu besorgen.

Emile & Sophie, Rousseau & die Frauen, das Denken & die Geschlechterdifferenz: Nach Rousseau ist im ontologischen Land der Geschlechterverhältnisse nichts mehr wie zuvor. Beinahe die gesamte europäische Weiblichkeit ist vom Sittsamkeits-Virus befallen; der Tugendtaumel greift auch in Frankreich, jenem Land von bislang festen, galanten Grundsätzen, mit schwindelerregender Geschwindigkeit um sich. Die Schule der Libertins, konsequente Zöglinge französischer Moral- & Materialisten, fürchtet um ihren Einfluß. Wenn es Rousseau und seinen Anhängern schon gelungen ist, binnen bescheidener zwanzig Jahre eine derart erfolgreiche Kampagne für das neue Weiblichkeitskorsett „Tugend" zu inszenieren; wenn die „Sittsamkeit" die Frauen wie ein stählerner Panzer umschließt; wenn Kälte, Verschlossenheit, spröde Effizienz, Sinnenverachtung; wenn überhaupt alles, was seit der rationalistischen Hoch-Zeit als *conditio sine qua non* vernünftiger Männlichkeit gilt, nun auch noch den Frauen übergestülpt wird, was dann? Kaum hat man sich daran gewöhnt, daß die Männer immer & jederzeit all-vernünftig, gar super-rational zu sein haben, wird nun auch den Frauen im Namen der Vernunft eine Existenz als permanente Sittsamkeitsperfektionistinnen und Tugendheldinnen vorexerziert. Was eigentlich wird dann aus dem „Andern" der Vernunft? Was wird aus den Momenten rationalen Ballastabwerfens, aus der Leichtigkeit des Seins, überhaupt aus der Geschlechterdifferenz? Wird die Liebe klandestin zum letzten Reservat einer tröstlichen Un-Vernunft? Und bitte, was wird aus der Sinnlichkeit, aus dem Eros; von Libertinage und Pornographie gar nicht zu reden?

Man sieht unschwer und ohne großen Zitaten-Ballast: Die Folgen Rousseaus, klassischer Kleinbürger in Sachen Sinnlichkeit, sind für eine feudale Kultur des Eros verheerend. Die Anti-Rousseauisten lassen sich denn auch nicht lange bitten. Im späten achtzehnten Jahrhundert wird ein – bislang schon unterschwellig mit großer Vehemenz – geführter Disput über Moralität beziehungsweise Amoralität von Lust & Leidenschaft zu einem wahren und mit allen publizistischen Mitteln ausgetragenen Stellungskrieg *in sexualibus*. An diesem Stellungskrieg nehmen unzählige Streiter teil, aus deren Reihen hier gewissermaßen exemplarisch der heute vergessene Jean-Baptiste de Boyer, Marquis d'Argens, darauf Choderlos de Laclos und schließlich Donatien-Alphonse-François, Marquis de Sade, auftreten.

La Thérèse Philosophe

Eine ganze Mädchenbrigade, stellvertretend unter den Namen Héloïse, Thérèse, Sophie & Co. vorgestellt, gelten dem philosophischen Tugenddiskurs als taugliche, schmiegsame und leicht modellierbare Erziehungsobjekte. Doch die solchermaßen objektzentrierte Sittsamkeitspädagogik verdrängt ihre eigene Geschichte. Denn Thérèse hat schon anderswo einen Beitrag zu Philosophie leisten dürfen:

Erstmals im Jahre 1748 erscheint anonym eine Schrift des Titels *Thérèse Philosophe ou Mémoires pour servir à l'Histoire de D. Dirrag & de Mademoiselle Eradice.* Die Schrift gilt sofort als *Skandalon* ersten Ranges, erscheint in diversen Auflagen und Raubdrucken und wird von den französischen Zensurbehörden erbittert aufgespürt und vernichtet. Gelegentlich wird Denis Diderot mit dem Werk in Verbindung gebracht. Dennoch halte ich mit guten Gründen dafür, daß es sich beim Verfasser der *Thérèse philosophe*, trotz ihres vermeintlichen publizistischen Waisenkindstatus, um Jean Baptiste de Boyer, Marquis d'Argens handelt, seineszeichens ein Aufklärer, der gleichzeitig mit Julien Offray de LaMettrie, philosophischer Zentralkopf der französischen Materialisten, in Berlin am Hof Friedrichs II. lebte, da sogar das galante Frankreich jene Theoretiker, die den Rationalismus der Aufklärung auf die Spitze trieben, ins Exil zwang. Die Aufklärung endet keineswegs beim *éclaircissement* der Vernunft, sondern sie betreibt, gewissermaßen über die Potenzierung der *ratio*, eine ebenso vehemente Aufklärung über die Mechanik des Leibes. Aus LaMettries *Homme Machine* resultiert folgerichtig die Vorstellung der mechanischen Organisiertheit von menschlicher Physiologie, Nerven- und Sinnkorsett.[3] Die Konklusion von der technischen Gegebenheit auf die „Natürlichkeit" der Sinne, des Eros, der Sexualität bis hin zur logischen Folge von Libertinage und Pornographie bedeutet nichts mehr, als gewissermaßen die rechnerische Konsequenz einer solchermaßen syllogistischen Auslegeordnung zu ziehen.

Die *Thérèse philosophe* ist zugleich als philosophisches Lehrgespräch und libertinäre Beichte konzipiert. Unterhalb des Frontispizes befindet sich ein Motto, welches gleichsam das didaktische Ziel des Werkes exponiert: „Wollust und Philosophie sind das Glück des sensiblen Menschen. Er umarmt die Wollust aus Geschmack, die Philosophie aus Vernunft." Es ist keineswegs zufällig, daß Therese, zugleich Hauptfigur der *Thérèse philosophe* und *in metaphysicis et eroticis* zu Bildende, weiblichen Geschlechts ist. Auch wenn der weibliche Körper der klassische Gegenstand männlichen Begehrens ist, so galt dies präzis nicht für Schul-Metaphysik und klassische Philosophie, die ihre Segnungen bekanntlich nur männlichen Eleven zukommen ließ. Doch für das häretische Zusammentreffen von Eros & Philosophie eignet sich vornehmlich eine Schüler*in*. Und so rapportierte Therese, Waisenkind und schuldlos in prekären finanziellen Verhältnissen aufgewachsen, die Stationen ihrer *éducation libertinaire* ihrem späteren adligen Gönner und Liebhaber, der ohne Mühe als Anhänger La-Mettries zu erkennen ist. Wer aber meint, dieser Anti-Tugend-Rapport aus weiblichem Munde sei, da von einem Mann niedergeschrieben, nur ein Sprachrohr für androzentrisch orientierte Libertinage und Pornographie zur Befriedigung des männlichen Voyeurismus, irrt empfindlich. Die Erzählungen Thereses über ihre frühkindlichen und späteren Lust-Erlebnisse konterkarieren den offiziell-obligaten Gängelwagen mädchenhafter Sittsamkeit. Als kleines Mädchen wird sie zwar von ihrer Mutter dabei entdeckt, jenen Körperteil zu berühren, „der uns von den Männern unterscheidet". Dennoch folgen darauf weder Verbot noch Schelte, sondern ein Exkurs über die Natürlichkeit der menschlichen Triebe. Ihr späterer Beichtvater wird das philosophische Argument liefern: Die Befriedigung sexueller Bedürfnisse sei ein Naturtrieb, die Natur selbst ein Synonym Gottes und was gottgewollt sei, könne keineswegs als Schändlichkeit und willentliche Amoralität Thereses gelten.[4] Ein *raisonneur* klärt Therese darüber auf, daß „ein Mechanismus in allen Handlungen unseres Lebens" liege, handle es sich nun um Essen oder Trinken

Abbildung (23)
„La Volupté et la Philosophie sont le bonheur de l'Homme sensé.
Il embrasse la Volupté par goût et aime la Philosophie par raison."
Titelkupfer einer Ausgabe der *Thérèse Philosophe*

und vornehmlich: um alle Formen der erotischen Sinneskultur. Das Argument: „Die Natur handelt nur aus einem einzigen Prinzip", und dieses Prinzip ist ständige Bewegung.[5] Ansonsten ist es der Natur einerlei, ob sie sich als *movens* beim Liebesakt oder Austernschlucken exprimiert. Im übrigen sei die Vorstellung der menschlichen Willensfreiheit eine liebenswerte, wenn auch ziemlich naive Illusion. Sämtliche Handlungen des Menschen sind von Leidenschaften angetrieben; die menschliche Freiheit ist etwa so groß wie die Wahl zwischen einer Flasche Champagner und einer Flasche Burgunder. Thereses erste philosophische Lektion endet mit einer materialistischen Konklusion: Die Leidenschaften durchziehen wie ein Mechanismus sämtliche Vernunft- und Willensmodalitäten des Menschen. „Anzunehmen, daß der Mensch frei ist und sich selbst bestimme, heißt, ihn Gott gleich zu setzten."[6] Das allerdings wäre Häresie.

Vénus dans le cloître

Natürlich wird später auch die Idee Gottes als Höchstem aller Sittsamkeitswächter demontiert. Bevor aber Therese für diese Lektion reif ist, soll sie erst einmal über die „Mechanik" der Naturtriebe „aufgeklärt" werden. Konvenierender Ort dieser Aufklärung: das Kloster, in welches Therese von ihrer Mutter kurz vor deren Tod gesteckt wird. Entgegen der damaligen Empfehlungen zur klösterlichen Mädchenerziehung herrschen im unvermeidlichen *Couvent* natürlich keineswegs Sittsamkeit und religiöse Tugenden vor, sondern Un-Tugend, Sittenlosigkeit und vor allem die Verführungskünste der Beichtväter. D'Argens setzt bewußt auf die Vertrautheit seiner Leser mit den Topoi der erotischen Literatur: 1683 war Jean Barrins *Vénus dans le cloître* erschienen; 1741 die *Histoire de Dom B.* von Gervaise de Latouche, bibliophile Sammelstücke, die je große Auflagen mit oft hochpornographischen Gravüren erzielten.[7] Als Ort jenseits einer pekuniären Notlage entwickelt sich das Kloster in der pornographischen Untergrund-Literatur zum Bordell schlechthin. Damit sind zugleich die sexuellen Tabuisierungen durch Ehe und Kirche angegriffen.

Abbildung (24)
Illustration zum *Girard-Cadière*-Skandal von 1731.
Die Beichtstuhl-Verführung. Gravur aus einem undatierten Druck der *Thérèse Philosophe*

Das allerdings ist zunächst nicht der zentrale Angriffspunkt der *Thérèse philosophe*. Der erste Angriff gilt dem bigotten Heiligenkult keuscher Damen und tugendhafter Mädchen. Ein Beichtvater, ironisch als „le très-saint Père Dirrag" vorgestellt, mißbraucht eine stattliche Anzahl seiner leichtgläubigen Schäfchen, allesamt minderjährig und im Zustand seelischer und körperlicher Unschuld. An Mademoiselle „Eradice", einer Spezialausgabe von spätkindlicher Bigotterie und keuscher Dummheit, wird die intersexuelle Körpermechanik äußerst anschaulich inkarniert. Dies ist durchaus wörtlich zu verstehen und dennoch verblüffend, weil sich die *Thérèse philosophe* somit gleichzeitig als differenzierte Interpretation und konsequente Weiterführung von LaMettries *Homme Machine* sowie dessen Abhandlung *La Volupté* präsentiert; ein ideengeschichtliches Zusammentreffen, das keineswegs erstaunt, wenn man konsideriert, daß LaMettrie und d'Argens in ihrem gemeinsamen Berliner Exil am Hof Friedrichs II. durchaus Gelegenheit hatten, ihre jeweiligen Thesen fruchtbar miteinander in Verbindung zu bringen.[8] Pikantes Détail: Jener Körperteil, womit der „sehr heilige" Beichtvater seine allzu gläubige Tochter entjungfert, wird von d'Argens listig als geheiligter „cordon du Saint François" vorgestellt. Verführt wird mit einer Reliquie und im Namen Gottes; die heiligen Gegenstände bedeuten zugleich das heiligste Fleisch der Männlichkeit; das Bußsakrament kulminiert in der Absolution durch den „Samen-Segen". Logische Konklusion der philosophierenden Therese, Zeugin der Verführung ihrer Klostergefährtin Eradice: Vertrauensselige Tugend & absolute Keuschheit sind nichts anderes als luxurierte Formen elementarster weiblicher Dummheit; die verführte „Unschuld" hat ihre Verführung mitverschuldet, wenn nicht gar selbstverschuldet.[9]

Therese lernt, räsoniert und kennt sich bald auch in den materialistischen Prinzipien von Religion & Moral aus. Gott als absolut gutes Wesen mag zwar existieren, aber jeder religiöse Kult ist lächerlich und überflüssig, da der Mensch mit seinen hilflosen Gebeten nicht das mindeste zur Ehre des Allerhöchsten beitragen kann. Der Mensch ist Gott gleichgültig. Gottes absolute Güte transzendiert das menschliche Unterscheidungsvermögen zwischen Gut & Böse. Die moralischen Quisquilien der Kirchenväter und anderer selbsternannter Stellvertreter Gottes interessieren den Allerhöchsten nicht. Letztendlich gilt folgende materialistische

THERESE
PHILOSOPHE.

Nouvelle Edition très-complette, imprimée avèc loiſir, & par cette raiſon plus correcte que toutes les précédentes, enrichie de jolies Eſtampes.

Nous ne pouvons faire naître ni détruire nos paſſions. Nous croyons les avoir vaincues quand elles ont changé d'objet.

Frer. L. de Thr. à L.

PREMIERE PARTIE.

A PARIS,

Chez Moi, malgré Lui, ſans Approbation & ſans Privilége.

M. DCC. LXXIV.

Abbildung (25)
Frontispiz eines Raubdruckes der *Thérèse Philosophe* von 1774.
Anstelle der Druckerlaubnis findet sich der ironische Hinweis „... *sans Appropation & sans Privilège.*"

Gleichung: *deus sive natura sive actio*. Die Bewegung der Materie ist Natur; Natur und Gott sind bedeutungsmäßige Äquivalenzen. Die Religion allerdings – damit nimmt d'Argens die vehemente Religionskritik Sades vorweg – ist eine listige Erfindung cleverer Machtstrategen zur Beherrschung ihrer leichtgläubigen Mitmenschen. Religion entsteht aus einem insgesamt ridikülen Amalgam von Furcht, Dummheit, Aberglauben und Vorurteilen; der Gläubige ist den kirchenmännlichen Verführungskünsten ebenso zum Opfer gefallen wie die Jungfrau Eradice ihrem geilen Beichtvater. Im übrigen gibt es verschiedene Religionen auf der Welt, die alle mehr oder weniger voller Kontradiktionen stecken und von denen jede erst noch behauptet, die jeweils beste zu sein. Dennoch ist es zwecklos, Religionen zu verbieten, denn sie sind wie Krankheiten des Kopfes. D'Argens plädiert – in Übereinstimmug mit Montesquieu und Friedrich II. – für Toleranz und Pluralismus, sofern die Religionen die „öffentliche Ordnung" nicht tangieren.[10]

Trotz aller Theologie: Thereses Anti-Sitz-Samkeits-Erziehungskurs geht weiter. Ihre nächsten Lektionen beinhalten die *Metaphysik der Geschlechtsliebe* aus der Perspektive der Libertins. Glückseligkeit ist das oberste Lebensziel. Zu deren Erfüllung sind alle Mittel erlaubt, sofern sie – wiederum – die öffentliche Ordnung nicht stören. Es gilt zu unterscheiden zwischen der Lust der Sexualität und der Last der Fortpflanzung. Schwangerschaften ruinieren die weiblichen Reize und sind zudem lebensgefährlich. Man kann sie getrost dem „heiligen" Stand der Ehe überlassen. Demzufolge gilt es, Therese in die Geheimnisse der Empfängnisverhütung einzuweihen. Präzise: Es geht um die Kunst des *coitus interruptus*, dessen technische Beherrschung ebenso zum Handwerk des galanten Liebhabers wie zu den Pflichten des Libertins und LaMettristen gehört. Was bei Sade später „sokratisieren" heißen wird, also der Analverkehr, ist bei d'Argens eher unüblich. Im übrigen ist alles erlaubt, was die Wollust ohne Brutalität befördert; der Sexualakt als Spezialfall der Körpermechanik ist zugleich die Climax göttlichen Handelns im Menschen. *Deus sive voluptas*; so ließe sich die Konsequenz aus der Konvergenz von LaMettrie und d'Argens formulieren.[11]

Abbildung (26)
Ein „Raisonneur“ prüft die Reize Thereses.
Gravur aus einer Ausgabe der *Thérèse Philosophe*.

Konsequent arbeitet die *Thérèse philosophe* an der Vertreibung des weiblichen Keuschheits-Kultes. Nichts von weiblicher Passivität und Enthaltsamkeit! Frauen und Mädchen haben „dieselben [sexuellen] Bedürfnisse wie die Männer“, wenn sie auch dauernd auf der Hut vor „Kinder-Machern“, üblem Gerede und Kratzern im Tugendkorsett sein müssen. Vor untauglichen Liebhabern wird eher gewarnt. Wenn es „nach ihrem Geschmack“ sei, sollen sich die Frauen ungeniert dieser „ingeniösen Instrumente namens *Godemichi*“ bedienen, einer „ziemlich natürlichen Nachahmung der Realität“.[12] Im übrigen hat d'Argens durchaus von der literarischen Struktur der *Perserbriefe* Montesquieus gelernt. Zwischen die philosophische Explikation der materialistischen Prinzipien schieben sich immer wieder Sequenzen aus dem tolldreisten Liebesleben Thereses und ihrer Gefährtinnen. Doch von „Porneutik“ oder „geilem Geschwätz“, wie etwa Lessings Kommentar über LaMettries *Anti-Sénèque* lautete, kann so platt kaum die Rede sein.[13] Die erotischen und vornehmlich die pornographischen Sequenzen der *Thérèse philosophe* werfen ein durchaus realistisches Schlaglicht auf die sexuellen Usanzen insbesondere der spätfeudalen Männergesellschaft. Auch Therese macht Bekanntschaft mit jenem zeitlosen Gesetz, wonach die Männermoral die jeweils indizierte Länge des weiblichen Tugendkostüms in Richtung Sitte & Unsitte bestimmt. Und letztlich findet auch im galanten achtzehnten Jahrhundert der Diskurs über die Libertinagê im *huis clos* der Männergesellschaft statt; wenn auch erstmals – was zentral ist – den Frauen, *enfin*, ein eigener Subjektstatus in Sachen Eros, Sinne & Co. zugestanden wird.

Schließlich ist Therese ganz Philosophin, zu Materialismus und Sinnenkult bekehrt. Ein adliger Gönner, Aufklärungsheroe schlechthin, „vernünftig und vorurteilslos“, umwirbt und liebt sie um ihrer selbst willen. Die vollendete Beherrschung des *coitus interruptus* weist ihn als aufgeklärt-perfekten Beherrscher seiner Leib-Maschine aus. Man zieht sich auf den Landsitz zurück. Auf den Einwand Thereses, sie wolle kein „ausgehaltenes Mädchen“ sein, antwortet ihr Gönner mit einer konzisen materialistischen Deduktion, wonach die Generosität gegenüber Andern keineswegs ein mildtätiger Akt sei, sondern reiner Selbstliebe entspringe. Bei den Leidenschaften dreht sich letztlich alles um die *amour propre*; die eigene Lust wird durch die Lust an der Lust des Andern gesteigert. Die Devise lautet: Glücklich machen, um glücklich zu sein, ohne das öffentliche Interesse zu stören. Wer nun einwenden möchte, Therese sei in der Optik männlicher *amour propre* kaum etwas anderes als eine frühe Form des klassischen weiblichen Sexualobjektes, sieht sich nochmals materialistisch belehrt: Es ist geradezu Aufgabe der philosophierenden Therese, ihre eigene Lust mit dem zum erotischen Hilfsmittel degradierten Mann zu befriedigen.[14]

Letzte Prüfung Theresens: Ihr Gönner läßt seine bibliophilen Erotica sowie die galante Gemäldesammlung direkt von Paris ins ländliche Damenboudoir transportieren. Therese, längst zum philosophisch geläuterten Libertinismus bekehrt, macht sich sofort an die Lektüre; allerdings erhält sie die Auflage, während fünfzehn Tagen „keine Hand an sich zu legen". So liest sie denn jene erotischen Bestseller der Zeit, die d'Argens aufzählt: „Die *Histoire du Portier des Chartreux*, jene der *Tourrière des Carmelites*, die *Académie des Dames, Les Lauriers Ecclésiastiques, Thémidore, Fretillon*, &c., & viele andere dieser Art".[15] Die solchermaßen entfachten sinnlichen Feuer werden gemeinsam gelöscht, getreu der Devise, daß die Aufklärung über den Eros die letzte Stufe von Vorurteilskritik und aufklärerischer Vernunft ist. Dennoch geht an die „griesgrämigen Zensoren" der Hinweis, sie sollen sich merken, daß wir „nicht so denken, wie wir wollen." Die Vernunft „erhellt" zwar die Menschen, aber „determiniert" werden sie durch die Leidenschaften. Auf den letzten zwei Seiten des Werkes werden nochmals, in vorbildlicher Aufklärungs-Pädagogik, die Prinzipien der materialistischen, sensualistischen, vorurteilskritischen und libertinären *Thérèse philosophe* zusammengefaßt. Man mag zwar einwenden, daß d'Argens' philosophischer Roman durchaus pornographische Elemente enthalte, die durch äußerst pikante Gravüren noch verstärkt werden. Doch gerade die vermeintliche „Porneutik" der *Thérèse philosophe*, sowieso nur ein realistisches Sittengemälde der Zeit, ist das beste Gefährt für die libertinäre und sinnenfreudige Durchkreuzung von Rousseaus Sittsamkeitsdiktatur; der Begriff *Aufklärung* zeigt bei d'Argens in beispielhafter Weise die Verbindung von philosophischer und sinnlicher Vernunft.[16]

Abbildung (27)
Therese im galanten Boudoir.
Gravur aus einer Ausgabe der *Thérèse Philosophe*

Ganz anders Choderlos de Laclos: Wo d'Argens philosophisch filigran die Aufklärung erotisch ergänzen will, decouvrieren die 1782 erscheinenden *Liaisons dangereuses* die hinter der Keuschheitsmaske kaum noch verborgene nackte „Sittenverderbnis" des Adels.[17] Oder kürzer: Die „Sitten" hatten für die Aristokratie kaum je Geltung. Und schließlich kann, zwanzig Jahre nach Rousseaus *Emile*, auch die Tugendlarve ohne Schaden fallen. Das literarische Geflöte von Sittsamkeit und Empfindelei darf abdanken, ein galliges Tugendinventar der Menschen, „wie sie wirklich sind", ist angesagt. Selbstverständlich sind die Männer weder rechtschaffen, noch sind die Frauen keusch. Der Vicomte de Valmont und die Marquise de Merteuil rapportieren, stellvertretend für ihre adligen Geschlechtsgenossen und ohne jede Reue, je von ihrer Lust an der Umwertung der Keuschheitswerte.

Es gibt gute Gründe, Laclos' Roman als kontrapunktische Antwort auf Rousseaus Sophien-Drill in dessen fünftem *Emile*-Unterkapitel zu lesen. Immerhin: Die Busenfreundin von Cécile Volanges, Hauptdarstellerin und weibliches Rohmaterial für Laclos' Anti-Tugend-Pädagogik, hört ebenfalls auf den Namen Sophie. Nur ist diese Sophie durch den sprechenden Familiennamen ‚Carnay' deutlich von Rousseaus fleischlosem Original abgesetzt. Sophie Carnay: weshalb sollte man in dieser Nebenrolle nicht ein pädagogisches Exerziermädchen für den Laclosschen Anti-Rousseau erkennen dürfen.

Man könnte nun mit Fleiß & minuziöser Kleinarbeit unzählige Belegstellen für die These aneinanderreihen, Laclos' habe mit dem Typus des Valmont einen *Gegen-Emile*, mit demjenigen der Merteuil eine *Anti-Sophie* entworfen. Doch es geht einfacher. Die Marquise de Merteuil entwirft im 81. Brief, gerichtet an den Berufs-Verführer Vicomte de Valmont, schamlos die Koordinaten einer neuen Damenphilosophie, die diejenige des Mädchendressierers Rousseau ohne Rücksicht durchkreuzt.[18] Wir lesen: „Was haben Sie denn getan, das ich nicht tausendmal übertroffen hätte? Sie haben eine Menge Frauen verführt, sogar zugrunde gerichtet!" Wo aber liegt „das Verdienst", wenn er Frauen und Mädchen verführt habe, die nur danach lechzten, verführt zu werden? Für Männer ist es – dies der Vorwurf der Marquise an den Vicomte –

einfach, in einer Gesellschaft zu bestehen, deren moralische Gesetze von vornherein auf Männer zugeschnitten seien. Wahre List und Schläue seien aber eine weibliche Kunst, die darin kulminiere, die gesellschaftliche Tugendmaske dermaßen zu perfektionieren, daß keine Zweifel an ihrer Echtheit aufkämen, auch wenn die Maskenträgerin ihre Lebens-Prinzipien längst schon auf Libertinage gegründet habe.

Madame de Merteuil & die hohe Schule des Scheins

Koketterie, Heuchelei, Verstellung hin bis zur optimalen Beherrschung des Scheins, so lautet das Rezept der Merteuil. „Unsere Sitten studierte ich in den Romanen, unsere Anschauungen in den Philosophien, sogar in den strengsten Moralisten suchte ich auf, was sie von uns verlangten; und auf diese Art vergewisserte ich mich, was man tun, was man denken und was man scheinen muß." In ländlicher Abgeschiedenheit lernt sie schon als kleines Mädchen, Empfindungen zu heucheln, indem sie „mit dem Verstand eines Autors das Talent eines Schauspielers" verbindet. Tägliche Übungen in Sachen Verstellungskunst geben ihr binnen einem Jahr „einen Anstrich von Prüderie, die unsere größten Stutzer erschreckte; sie hielten sich von mir fern und überließen mich einer Menge langweiliger Männer, die alle um meine Hand anhielten." Aus purer Lust am Ausprobieren perfektioniert Mme. de Merteuil das eigene Tugendprofil derart, daß bald auch die langweiligsten Verehrer ausbleiben. Sie sei also genötigt gewesen, „einige Affären in Umlauf zu bringen". Kurz darauf beginnt sie, „auf der großen Bühne der Gesellschaft sämtliche [Verstellungs-] Talente zu entfalten, die ich mir angeeignet hatte." Sie macht wieder auf Sittsamkeit. Und zwar mit durchschlagendem Erfolg. Binnen kurzer Zeit setzen sich die sprödesten „Tugendwächterinnen" zu ihren Gunsten ein, derweil ihre Liebhaber sich in schnellen Tempi ablösen; und jedem wird der „schmeichelhafte Gedanke" vermittelt, „einziger Liebhaber" gewesen zu sein.

Madame de Merteuil beherrscht die Gesetze der Sittsamkeit bis zum Exzeß. Mit „saurer Arbeit" hat sie sich über alle „andern", das heißt dummen und bequemen Frauen erhoben. Sie ist Primadonna jeder Opern-Moral. Kein Verstellungstrick, keine Modalität der Koketterie, der List, der Schläue, die ihr nicht in allen Schattierungen zu Verfügung stünde. Nun endlich kann sie sich für den Zwang zur Verstellung rächen. Mit jedem Mann kann sie den *Krieg* an der Geschlechterfront aufnehmen; auch der berufenste Casanova wird von ihr hinters Licht geführt. Im Vicomte de Valmont, dem rücksichtslosesten aller Rücksichtslosen, erkennt sie endlich einen ihr adäquaten männlichen Gegner. „Verleitet durch Ihren Ruf, schien es mir, als fehlten Sie mir noch zu meinem Ruhme; ich brannte vor Begierde, mit Ihnen sozusagen von Mann zu Mann zu kämpfen."

Konklusion: Wo Madame de Merteuil von „saurer Arbeit" redet, ist nichts weniger als die philosophische Dekonstruktion der herrschenden Ideologeme gemeint. Die Mechanik der Sittengesetze zu kennen, heißt, sich selbst zum Sittengesetzgeber zu machen. Madame de Merteuil ist die *Anti-Sophie* schlechthin; mit ihr transzendiert sich die androzentrische Logik der Männermoral. Auf der Folie von Laclos' Merteuil, dieser abgeklärtesten aller Aufgeklärten, hinterläßt Rousseaus Sophie mit ihrer aus Dummheit resultierenden Tugend kaum noch die Konturen einer faden Existenz. Die Möglichkeit einer gelingenden Keuschheitsdressur hat nach 1782, müßte man meinen, schlechte Konjunktur.

Sade, der Alleszermalmer

1797 erscheint ein zehnbändiges Werk mit dem geschwätzigen Titel: *Die neue Justine oder vom Mißgeschick der Tugend, gefolgt von der Geschichte ihrer Schwester Juliette oder vom Segen des Lasters*. Es handelt sich dabei um die dritte Fassung eines der bilderstürmerischsten Beiträge zum ubiquitären Tugenddiskurs, erzählt vom Schwesternpaar Justine & Juliette, niedergeschrieben von Donatien-Alphonse-François Marquis de Sade; unzählige Male philosophisch verstümmelt und literarisch zensiert.[19] Wenn man mit Sade davon ausgeht, daß das Schreiben letztlich „das größte und am längsten währende Verbrechen ist",[20] so dürfte das Abreagieren von Unmengen zensorischer Energie am Sadeschen Textkorpus einem ebenso qualifizierten Rezeptionsverbrechen gleichkommen, wie jenes vermutete an der ‚öffentlichen Sitte', das die Zensoren durch ihre Tätigkeit zu verhindern meinten.

Abbildung (28)
Justine oder Vom Unglück der Tugend.
Gravur aus einer Ausgabe von Sades *Nouvelle Justine*.

In Sachen Sade ist viel schon geschrieben worden; viel wird noch geschrieben werden. Als hochqualifizierter Querdenker verschließt sich der Marquis erfreulicherweise jeder noch so peniblen Philologie, die sein philosophisches *Furioso* meistern, seine barocken Wider-Sprüche depotenzieren möchte. Die Einsicht des späten neunzehnten Jahrhunderts, daß die Vernunft nicht Herr im eigenen Kopf-Gehäuse ist, legt sich wie ein träger, immer schon verspäteter Reflex zurück aufs achtzehnte Jahrhundert, auf jene bizarre Befreiung der Phänomene des Kopfes, die Sade so virtuos eröffnet hatte, ohne Rücksicht auf denkerische Kleinformate und jene geschwätzige Tugend, die – nach Heine – zwar keine Kraft zum Bösen, aber auch keine zum Guten hat.

Was moralisch gut oder schlecht ist, hängt von wechselnden menschlichen Werten ab. Der Natur ist der Umwandlungsprozeß der Materie gleichgültig. Sie teilt keine moralischen Zensuren über Leben und Tod aus. Und wenn die großen Ideologien diejenigen Mächte sind, die die jeweils richtige Mixtur von „gut“ und „böse“ auswägen, so sind sie es, die im Wettstreit um die „wahre“ Taxonomie des „Guten“ zugleich die größten Verbrechen begehen. Doch Sade differenziert präzis zwischen dem Denken und dem Ausführen des Verbrechens. 1781 schreibt er in einem Brief an seine Frau: „Ja, ich gestehe, ich bin ein Wüstling; alles was man sich auf diesem Gebiet vorstellen kann, habe ich mir vorgestellt, aber ich habe durchaus nicht alles getan, was ich mir vorgestellt habe, und werde es auch nie tun. Ich bin ein Wüstling, aber ich bin kein Verbrecher und Mörder.“ Auch die Vita des Marquis bestätigt den Brutalitäts-Vorwurf kaum: In einer Zeit, in der beinahe jedermann an den all-täglichen Greueltaten der revolutionären *Terreur* beteiligt ist, sitzt Sade wegen seiner öffentlichen Kritik an der Todesstrafe im Gefängnis. Das Verbrechen Sades besteht darin, rücksichtslos die sorgsam gehüteten Rezepturen um die Mechanik der Macht ausgeplaudert zu haben. Und natürlich hat man es Sade nicht verziehen, daß er öffentliche Lektionen über die alltägliche Verbrechenspotenz des Denkens gehalten hatte. Und wer zudem die romantischen Schleier von der Liebe reißt, wer brutal auf die häßliche Seite des Begehrens hinweist – „Das, was beim Koitus gefällt, ist das Grausige, Schmutzige, Abscheuliche ... Und wo findet man das besser als in etwas Verdorbenem? Viele Menschen ziehen für ihren Genuß eine alte, häßliche und sogar stinkende Frau einem

Abbildung (29)
Von der Ästhetik der Positionen.
Gravur aus einer Ausgabe von Sades *Nouvelle Justine*

frischen, hübschen Mädchen vor"[21] –, wer solches schreibt, vergreift sich an den heiligen Ikonen der Empfindsamkeit. In den Ohren der Puritaner tönt Sades Berichterstattung über die schmutzigen Ereignisse im Kopfe grauslich. Autorisiert durch die Dummheit der griechischen Antike bringt man Sade, den Überbringer der schlechten Botschaft, gleich selbst um. Es bleibt der „Sadismus", jener begriffliche Zufallstreffer Krafft-Ebings, dessen Bedeutungshorizont weit von der Climax der Aufklärungsphilosophie bei Donatien-Alphonse-François, Marquis de Sade, abgekoppelt ist.

Eugénie, Sophie, Justine & Juliette …

Natürlich hat es Sade den Frauen nicht leicht gemacht. Die klassische Keuschheitserziehung ist in der Tat eine pädagogisch schlechte Voraussetzung, ihn verstehen zu können. Und doch hat Simone de Beauvoir ihrer provokativen Fragestellung *Soll man de Sade verbrennen?* einen klugen Sade-Essay folgen lassen.[22] Hingegen scheint im gegenwärtigen feministischen Neopuritanismus das selbständige Urteil einen ähnlich unkeuschen Akt darzustellen, wie etwa ein vor Männerblicken nicht sittsam verborgener weiblicher Nabel. So etwa bei Andrea Dworkin, deren Pornographie-Analyse Sade einmal mehr als „sexuelles Raubtier" anklagt, diesmal allerdings unter den zornigen Auspizien eines prüd-konservativen Neo-Feminismus.[23]

Doch wir kommen zu Sades vielköpfiger Mädchenriege. Mit Eugénie, Sophie, Justine & Juliette und all den andern namenlosen Mädchen wird eines der eindringlichsten Kapitel des *Anti-Emile oder Über die libertinistische Erziehung* geschrieben. Was Eugénie, kaum dem Kloster entlassen, in Sades *Philosophie dans le Boudoir* von 1795 lernen muß, nämlich daß „Scham eine altmodische Tugend ist, deren Sie, bei solchen Reizen, ohne weiteres entraten können",[24] wendet sich als philosophische Kriegserklärung gegen sämtliche Projekte frommer Mädchenerziehung, beginnend bei Fénélons *Traité de l'éducation des filles* von 1687. Die Provokation einkalkulierend, gibt Sade seiner Boudoir-Philosophie ganz bewußt den Untertitel: *Dialoge, zur Erziehung junger Damen bestimmt*. Vielleicht in Anspielung auf Fénélon, der sich darüber beklagt, daß die Mädchenerziehung noch weitgehend „den Gewohnheiten und Capricen der Mütter“ überlassen sei,[25] ist dem ersten Dialog Sades der Wunsch vorausgegeben: „Möge jede Mutter ihrer Tochter die Lektüre dieses Buches gebieten.“[26]

1787 beendet der Marquis de Sade eine Erzählung des Titels *Les infortunes de la vertu*. Die tugendsame, aber dauernd von Unglück und Grausamkeiten verfolgte weibliche Hauptdarstellerin heißt hier noch nicht Justine, sondern – Sophie.[27] Sade konkurriert bewußt mit Rousseaus Sophie, auch wenn er seiner Heldin später den „gerechten“ Namen Justine geben wird. Zurück zur *Justine* von 1797: Was Sade hier unternimmt, ist eine prominente und scharfzüngige Kritik des Keuschheitskultes; ist die Dekonstruktion einer falschen, von männlichen Sittengesetzgebern produzierten Moralität, die unter dem Namen „Sittsamkeit“ schon längst die Dimensionen des geläufigen Ethik-Klassikers „Sittlichkeit“ gesprengt hat. Sade denunziert die klaustrophobische Enge des Tugendgehäuses. Ein hydrozephaler Keuschheitsgürtel betreibt die massenhafte Einschnürung weiblicher Existenz. Ist es nicht „eine garstige Narretei, der flüchtigsten Sache der Welt so viel wert beizumessen ...? Wie kann ein Mädchen nur so einfältig sein, zu glauben, die Tugend hinge davon ab, ob eine gewisse Körperöffnung etwas weiter oder enger sei?“ Diese „erdichtete Keuschheit“, die den weiblichen Menschen von Rousseau & Co. „aberwitzigerweise seit ihrer Kindheit als eine Tugend dargestellt wurde“, ist weniger als ein Cartesisches „Trugbild“.[28]

In kaum zufälliger Übereinstimmung mit den französischen Moralisten, dem Sittenrelativismus etwa in Montesquieues *Perserbriefen* oder in den *Indiskreten Kleinoden* Diderots, treibt Sade die philosophische Analyse auf die Spitze. Im Erziehungskurs Justinens wird die Männermoral an deren fadenscheinigem Spitzenprodukt „Tugend“ entlarvt. „Was man Tugend nennt, ist in meinen Augen ein Hirngespinst: diese nichtssagende und flatterhafte Sitte, die sich von Himmelsstrich zu Himmelsstrich ändert, vermittelt mir keine genau umrissene Vorstellung.“ „Moral“ ist das Produkt von Schwäche und kaum verhehltem Eigennutz; „die Tugend eines Volkes wird niemals eine andere sein als diejenige ... seiner Gesetzgeber“. Die Tugend aber „des wahrhaft philosophischen“ – das heißt rücksichtslos zu seiner Triebstruktur stehenden – Menschen „muß der Niessbrauch seiner Lüste oder das Ergebnis seiner Leidenschaften sein.“[29]

Sade argumentiert ‚naturalistisch', womit gemeint ist, daß er den naturalistischen Fehlschluß quasi *ad absurdum* treibt. Der Natur ist es einerlei, ob wir mit unseren natürlichen Anlagen das sogenannt Böse oder das sogenannt Gute befördern. Ihre Rechnungen sind nicht die unsern. Was die Menschen als Dienst an der Natur ausgeben, als natürliches und damit moralisch rechtschaffenes Handeln, gilt ihm als *petitio principii*, denn die Grundsätze, nach denen die Natur handelt, sind für die Menschen nicht einsehbar. Zwar duldet die Natur die Fortpflanzung, aber es ist damit noch lange nicht bewiesen, daß sie die Sinnenstruktur des Menschen in den Dienst der Fortpflanzung gestellt hat. Ob der Mann seinen Samen „in Möse, Hintern, Mund oder Hand verliert", ist der Natur egal. Als Erziehungsmaxime lernt Justine immer wieder, daß der Natur eine Handlung ebensoviel gilt, wie deren Gegenteil; die Natur kümmert sich nicht um die „Kleinigkeiten", die der Mensch in seiner „Kopflosigkeit" als Dienst an der Natur ausgibt. Die Natur ist die große Über-Vernünftige, die große Listige. Dieweil sie „mit unseren gemeinen Grundsätzen und Milchmädchenrechnungen ihr Spiel treibt", schreitet sie munter auf ihr Ziel zu: erschaffen, „um zu zerstören".[30]

Von der Ironie zurück zum Lächeln

Mit Sade ist zweifellos der Höhepunkt der weiblichen Anti-Keuschheitserziehung erreicht. Trotzdem kann man sich mit guten Gründen fragen, welchen Subjektstatus den Sophien, Eugenien, Justinen & Julietten noch zukommt, wenn sie sich doch immer wieder willfährig in jede Sadesche Lust-Optimierungs-Szenerie einpassen. Keine der Positionen, keine der Quälereien scheint ihnen zuviel zu werden. Auch wenn sie ihren Peiniger vorübergehend zu strangulieren haben, lockern sie den Strick doch wieder, anstatt ihn einfürallemal zuzuziehen; so etwa verfährt Justine mit ihrem Quäler im vierten Band. „Warum tötet Justine Roland nicht?", lautet die konsequente Frage.[31] Doch Justines Güte, ihre *vertu*, ist nicht von dieser Welt. Tugend wie Untugend laufen gleichsam als selbsttätige Mechanismen ab. Justine, keusche Inkarnation von Unschuld und Weiblichkeit, kann das Böse gar nicht wollen, denn es liegt jenseits ihrer angeborenen Güte. Dennoch verbindet sie die innigste

Abhängigkeit mit dem Bösen. Das Böse ist Justines *conditio sine qua non*. „Justine ist restlos gut, die Welt ist restlos schlecht."[32] Mit der Figur der Justine versteinert sich die denkerische Climax des Virginitätsideals. Justine ist das „Gespenst der Tugend", von den Sittsamkeitsphilosophen entworfen, von Sade konsequent denunziert, brutalisiert, vergewaltigt. Doch es ist die Idee der absoluten Ent-Selbstung in der Tugend, die von Sade rücksichtslos zerstört wird. Und gegen die feministischen Klagen über den „Sadisten" de Sade gilt es ebenso zu formulieren, daß Donatien-Alphonse-François, Marquis de Sade, durchaus eine potente weibliche Subjektstheorie vertritt. Nämlich jene, die ein starkes weibliches Subjekt als listige, schlaue & erotische Intelligenz, als multivalentes Sinnen-Talent versteht. Das allerdings ist die Geschichte der Juliette, die man - wie diejenige ihrer Schwester – zunächst verstehen *wollen* muß, um darin die Spuren einer verklausulierten Aufklärungs-Damenphilosophie zu entdecken. Wie auch immer: Dem rationalistischen Despotismus mit seinen sinnlich geläuterten Vernunft-Subjekten ist endgültig der Fehdehandschuh geworfen. Und dies durchaus vor dem großen Herrn Freud.

* * *

Verehrte Leserin, irritierter Leser. Erwarten Sie kein beruhigendes Resümee, keine glättende Moral der Geschichte. Höchstens einen kleinen Nachtrag, der vom schwarzen Humor wieder an die lächelnde Vernunft anzuschließen versucht: Auch Sade wäre letzlich, wie viele der männlichen und weiblichen Ent-Decker des Sittengesetzes, der saloppen De-Konstrukteure des Tugendkultes, undenkbar und unverständlich ohne eine gehörige Portion Ironie, ohne das Lachen der List, die kluge Schläue. Was auch immer die Vernunft vermag – das Lachen transzendiert sie. Wir müssen der Philosophie die Ironie wieder geben, denn sie transzendiert die Differenz, ohne sie aufzuheben. Dies als modestes Friedensabkommen in Sachen Damenphilosophie, Männermoral & Geschlechterdifferenz. Vielleicht würde die Marquise de G***, hätte sie heute abend ein erneutes *Rendez-Vous* im Park und unter den Sternen, ihrem philosophischen Meister-Denker mit folgender *Quaestio* auflauern: „Theurer Freund! Welchen Abbruch tut es Ihrer Philosophie, wenn sie auch noch lächeln könnte?"

Dreizehntes Kapitel

–

welches kein Kapitel ist, sondern die Anmerkungen enthält

Bei Titeln und Zitaten aus Texten der vergangenen Jahrhunderte habe ich – um den Zeitcharakter zu wahren & da sie durchaus verständlich und amüsant ist – die zeitgenössische Schreibweise inklusive allfälliger Orthographiefehler beibehalten. UPJ

Erstes Kapitel

1 Bernard de FONTENELLE, Entretiens sur la pluralité des mondes. A Paris, chez la veuve C. Blageart, MDCLXXXVI, Neuausgabe: Edition critique, Paris 1986.
2 Diese These wird ausführlich im fünften und siebenten Kapitel exponiert.
3 Die bibliographischen Hinweise sind nachzulesen im Nachwort von Karin REICH zu: Bernhard von FONTENELLE, Dialogen über die Mehrheit der Welten. Mit Anmerkungen und Kupfertafeln von Johann Elert Bode, Berlin 1780, Nachdruck Weinheim 1983.
4 Auf die ‚Durchlauferhitzerfunktion' der Damenphilosophie wird im siebenten Kapitel weiter eingegangen.
5 Giuseppa Eleonora BARBAPICCOLA wird im sechsten Kapitel vorgestellt.
6 Briefe der Ninon LENCLOS, Neuauflage Frankfurt 1989, Siebter Brief, 48; Ninon de LENCLOS tritt im elften Kapitel nochmals auf.
7 Siehe Max von BOEHN, Rokoko. Frankreich im 18. Jahrhundert, Berlin 1923, 554f.
8 Immanuel KANT, Berliner Akademieausgabe [=AA], Band XV/1, Reflexion 1335.

Zweites Kapitel

1 Abbé de GÉRARD, La Philosophie des Gens de Cour. A Paris MDCLXXXI, Paris [3]1685, III. Entretien. Que les Dames doivent s'appliquer à l'Etude de la Philosophie, 55–101.

2 Ebenda, 62.
3 Ebenda, 64.
4 Ebenda, 65.
5 Ebenda, 74.
6 Christian THOMASIUS, Discours Welcher Gestalt man denen Frantzosen in gemeinem Leben und Wandel nachahmen solle, Leipzig 1701, Neudruck: C.T. Deutsche Schriften, Stuttgart 1970, 1–49.
7 Ebenda, 36.
8 Ebenda, 20.
9 Theodor Gottlieb von HIPPEL, Über die bürgerliche Verbesserung der Weiber, Königsberg 1793, in: Sämmtliche Werke, 14 Bände, Berlin 1827–1839.
10 THOMASIUS, Discours Welcher Gestalt man denen Frantzosen in gemeinem Leben und Wandel nachahmen solle, 36.
11 Christian WOLFF, Theologia Naturalis, Vol. I, 1736, § 268.
12 GÉRARD, La Philosophie des Gens de Cour, Epistre, iiii.
13 THOMASIUS, Discours Welcher Gestalt man denen Frantzosen in gemeinem Leben und Wandel nachahmen solle, 14 et passim.
14 Briefe der Ninon LENCLOS, Frankfurt 1984, 54f; Ninon de LENCLOS wird in Kapitel elf ausführlich auftreten.

Drittes Kapitel

1 Francesco ALGAROTTI, Il Newtonianismo per le Dame ovvero Dialoghi sopra la Luce e i Colori, Napoli MDCCXXXVII.
2 ALGAROTTI, ebenda, III.
3 Immanuel KANT, Menschenkunde oder philosophische Anthropologie, in: Immanuel Kants Menschenkunde, nach handschriftlichen Vorlesungen hg. von Fr.Chr. STARKE, Hildesheim 1976 (Reprint), 6.
4 ALGAROTTI, Il Newtonianismo per le Dame ovvero Dialoghi sopra la Luce e i Colori, VI.
5 ALGAROTTI, ebenda, VI.
6 ALGAROTTI, ebenda, VII.
7 Siehe dazu etwa die Einleitung von Sonia CARBONCINI zu Chr. WOLFF, Gesammelte Werke, III. Abtlg., Band 28: Marquise du CHÂTELET, Institutions Physiques, III–XI.
8 Siehe Chr. WOLFFS eigene Lebensbeschreibung, hg. mit einer Abhandlung über WOLFF von H. WUTTKE, in: Christian WOLFF. Biographie, Hildesheim 1980, 176ff.
9 Ich habe diese Auseinandersetzung unter dem Titel „Marginalie der ‚wahren Schätzung': die Marquisin Emilie von Chastelet" ausführlich dargestellt in: Ursula Pia JAUCH, Immanuel Kant zur Geschlechterdifferenz. Aufklärerische Vorurteilskritik und bürgerliche Geschlechtsvormundschaft, Wien ²1989, 46–57.

10 „... *moi je neutonisme tant bien que mal*...“, Emilie du CHÂTELET in einem Brief vom 3. Januar 1736. Zu finden in: Voltaires Correspondence, Edited by Theodore BESTERMAN, Genf 1954 [=BESTERMAN], Vol. V, 1, Brief 945.

11 Zehn Jahre nach dem Tod Emilie du CHÂTELETS (1709–1749), ist in Frankreich die erste vollständige Übersetzung von NEWTONS *Principia* unter dem Titel *Principes mathématiques de la philosophie naturelle par feue Madame la Marquise du Chastellet*, Paris 1759, zugänglich. Siehe dazu Sonia CARBONCINI, Vorwort zur Neuausgabe von CHÂTELETS Institutions Physiques, IV–XI, welche ironischerweise als Band 28 der III. Abteilung der Gesamtausgabe von Christian WOLFFS Werken [sic!], Hildesheim 1988, einverleibt wurden.

12 Abgedruckt bei H. DROYSEN, Die Marquise du Châtelet, Voltaire und der Philosoph Christian Wolff, in: Zeitschrift für französische Sprache und Literatur, 35 (1909), 231f.

13 Für DESCARTES ist dies einigermaßen bekannt, obwohl die Descartes-Forschung bis dato die italienische Descartes-Übersetzerin Luisa Eleonora BARBAPICCOLA nicht zur Kenntnis genommen hat; siehe sechstes Kapitel.

14 Elisabeth BADINTER weist darauf hin, daß der Gegensatz zwischen Newton- und Leibnizanhängern in Frankreich gelegentlich geradezu einen „Krieg der Geschlechter“ verhüllt habe. Auch VOLTAIRE habe sich erstaunt gefragt, er wisse nicht, „woran es liegt, daß die Damen sich für Leibniz erklärt haben.“ Siehe Elisabeth BADINTER, Emilie, Emilie. Weiblicher Lebensentwurf im 18. Jahrhundert, München 1984, 254.

15 Madame du CHÂTELET in einem Brief vom 3. Januar 1736. Siehe BESTERMAN, Vol. V, Nr. 945.

16 VOLTAIRE an Nicolas THIERIOT. Siehe BESTERMAN, Vol. VII, 157ff, Nr. 1429.

17 Du CHÂTELET am 9. Mai 1738 an MAUPERTUIS. Siehe BESTERMAN, Vol. VII, 163f. Bevor der gesamte Wortlaut in der Originalorthographie du CHÂTELETS zitiert wird, erlaube man mir eine kleine Nebenbemerkung, die sich übrigens auch auf den Briefwechsel der Herzogin Elisabeth Charlotte von ORLÉANS mit LEIBNIZ bezieht (siehe fünftes Kapitel): Auch die hochgelehrte Marquise hat – wie viele Damen der Zeit – Mühe mit der Orthographie. VOLTAIRES Briefe sind „korrekter“, das heißt dem grammatischen, orthographischen und syntaktischen Sprachsystem angepaßter, als diejenigen der weniger „geschulten“ Damen. Doch auch Sprach-Systeme stammen von Männern. Die teilweise abenteuerliche Damen-Orthographie dürfte damit nicht nur auf mangelnde Bildung, sondern auch auf eine diskrete System-Renitenz in Sachen Männer-Grammatik, -Orthographie & -Syntax hinweisen. Ihre Absicht jedenfalls versteht du CHÂTELET mit ihrer „Sprache“ problemlos zu transportieren: „*On dit que le liure de mr Algarotti est intitulé le Neutonisme à la portée des dames. Quand ie l'ay vu son livre il n'i plaisantoit que sur la lumière, mais ie ne sais trop quelle bonne plaisanterie il aura pu trouver sur la raison inverse du quarré des distances. Après son titre il n'i a peutêtre rien de si ridicule que sa dedicace, à vn homme qui a toujours voulu tourner le sistème d'attraction en ridicule. Ie crois quil vouloit être de l'académie.*“

18 VOLTAIRE an BERGER. Siehe BESTERMAN, Vol. VII, 175f, Brief 1439.

19 VOLTAIRE an THIERIOT. Siehe BESTERMAN, Vol. VII, 180, Brief 1442.

20 VOLTAIRE an MAUPERTUIS. Siehe BESTERMAN, Vol. VII, 189f., Brief 1445: *„J'ai lu le livre de Mr Algaroti. Il y a, comme de raison, plus de tours et de pensées que de véritez. Je crois qu'il réussira en italien, mais je doute qu'en français l'amour d'un amant qui décroit en raison du cube de la distance de sa maîtresse et du quarré de l'absence, plaise aux esprits bien faits, qui ont été choquez de la bauté blonde du soleil, et de la bauté brune de la lune dans le livre des mondes. Ce livre a besoin d'un traducteur excellent. Mais celuy qui est capable de traduire bien s'amuse t'il à traduire?"*

21 Erfolg und Folgen FONTENELLES in England sind wunderschön zusammengestellt in: Gerald Dennis MEYER, The Scientific Lady in England 1650–1760, Berkeley 1955.

22 Siehe dazu Carolyn MERCHANT, Die Natur im Denken von Frauen. Anne Conway und andere philosophierende Feministinnen, in: Der Tod der Natur. Ökologie, Frauen und neuzeitliche Naturwissenschaft, München 1987, 242–262.

Viertes Kapitel

1 Joseph Jerôme de LALANDE, Astronomie des Dames, Paris 1820, nouvelle édition 1824.

2 LALANDE, ebenda, 7.

3 LALANDE, ebenda, 10.

4 Ebenda.

5 Immanuel KANT, Träume eines Geistersehers, Zweiter Teil, AA II, 366.

6 LALANDE, Astronomie des Dames, 13.

7 LALANDE, ebenda, 29.

8 Immanuel KANT, Beobachtungen über das Gefühl des Schönen und Erhabenen, AA II, 229f.

9 Ich folge bei der Zusammenstellung der wissenschafts- kritischen Stränge KANTS hier im wesentlichen Wolfgang RITZEL, Immanuel Kant. Eine Biographie, Berlin 1985, 51f et passim.

10 Immanuel KANT, Handschriftlicher Nachlaß, AA Band XV/2, 569, Reflexion 1287.

11 *„La Métaphysique contient deux éspaces de choses, la prémière ce qui tous les gens … peuvent savoir; & la seconde, qui est la plus étendue, ce qui'ils ne sauront jamais."* In: Marquise du CHATELET, Institutions Physiques [= Chr. WOLFF, Gesammelte Werke, III. Abtlg., Band 28], 14.

Fünftes Kapitel

1 G.E. GUHRAUER, Leibnitz's Deutsche Schriften, Zweiter Band, Berlin 1840, 414.

2 Madeleine de SCUDÉRY lebte von 1607 bis 1701 und gilt mit ihren historisierenden Romanen als Begründerin der Preziösen-Literatur. MOLIÈRE setzte ihr 1672 mit seiner Komödie „Die gelehrten Frauen" ein zweites, ridikülisierendes Denkmal, obwohl

er sich schon 1659 mit den „Lächerlichen Preziösen" im Spott über die empfindsamen Damen geübt hatte.

3 Text und Entstehungsumstände des Leibniz-Gedichtes finden sich bei GUHRAUER, Leibnitz's Deutsche Schriften, 415 sowie bei E. BODEMANN, Die Leibniz-Handschriften der königlichen öffentlichen Bibliothek zu Hannover, Hildesheim 1966 (Faks.), 155.

4 Textnachweis siehe Anm. 3. Zitiert wurde in der Originalorthographie von Mlle. de SCUDÉRY.

5 Hier folgt die unten im Text zitierte Anmerkung von LEIBNIZ.

6 GUHRAURER, Leibnitz's Deutsche Schriften, 415.

7 Ähnliches kann auch bei LEIBNIZ' Gedicht auf den Tod der Königin Sophie Charlotte von Preußen festgestellt werden. Siehe dazu: Olan Brent HANKINS, Leibniz as Baroque Poet. An Interpretation of his German Epicedium on the Death of Queen Sophie Charlotte, Bern 1973; insb. 74–125.

8 GUHRAUER, Leibniz's Deutsche Schriften, 415.

9 Siehe Gerda UTERMÖHLEN, Leibniz im Briefwechsel mit Frauen, in: Niedersächsisches Jahrbuch für Landesgeschichte, Nr. 52, 1980, 220, 222.

10 Zum Verhältnis von männlicher Galanterie und weiblicher ‚Gelehrsamkeit' siehe auch JAUCH, Kant zur Geschlechterdifferenz, Kapitel 4, 46–57.

11 Zitiert bei Eduard BODEMANN, Briefwechsel zwischen Leibniz und der Herzogin Elisabeth Charlotte von Orléans. 1715/16, in: Zeitschrift des historischen Vereins für Niedersachsen, 1884, 1–54, hier 2.

12 BODEMANN, ebenda, hier 3f.

13 Siehe dazu UTERMÖHLEN, Leibniz im Briefwechsel mit Frauen, 221f. Das Projekt einer *Academie des dames de qualitez* findet sich 243f.

14 Zum Begriff ‚Popularphilosophie' siehe Helmut HOLZHEY, Der Philosoph für die Welt – eine Chimäre der deutschen Aufklärung? In: Esoterik und Exoterik der Philosophie. Beiträge zu Geschichte und Sinn philosophischer Selbstbestimmung. Basel/Stuttgart 1977, 117–138; darin speziell Kapitel 3: Popularphilosophie, 124–131.

15 HOLZHEY, ebenda, 125.

16 Dazu J.A. EBERHARD (Hg.), Versuch einer Geschichte der Fortschritte der Philosophie in Deutschland ..., Halle 1794, 456.

17 Carl Immanuel GERHARDT (Hg.), Die philosophischen Schriften von G.W. Leibniz, Band 1–7, Berlin 1875–1890 [=GP], Band 3, 320f. In der Vorrede zur *Theodizee* weist LEIBNIZ bekanntlich selbst auf den großen Einfluß SOPHIE CHARLOTTES für das Entstehen dieses Werks hin. Siehe G.W. LEIBNIZ, Die Theodizee, Hamburg 1968, 19f.

18 Siehe dazu Walter TINNER, Leibniz: System und Exoterik, in: Exoterik und Esoterik der Philosophie, 101–116; sowie: Klaus Rüdiger WÖHRMANN, Die Unterscheidung von Exoterik und Esoterik bei Leibniz, in: studia leibnitiana, Supplementum XXI [=Akten des III. Internationalen Leibniz-Kongresses 1977, Band 3] 72–82; sowie UTERMÖHLEN, Leibniz im Briefwechsel mit Frauen, 228.

19 GP Band 4, 440, Discours de Métaphysique, XV.
20 GP Band 4, 443f., Discours XVII.
21 GP Band 4, 445, Discours XIX.
22 GP Band 4, 446, Discours XX. Siehe dazu auch WÖHRMANN, Die Unterscheidung von Exotik und Esoterik bei Leibniz, 79 sowie Anm. 25.
23 G.E. LESSING, Sämtliche Schriften. Lachmann-Munckersche Gesamtausgabe XI, 470.
24 Brief vom 22. August 1699 an LEIBNIZ, abgedruckt in: Onno KLOPP (Hg.), Die Werke von Leibniz gemäß seinem handschriftlichen Nachlasse in der Königlichen Bibliothek zu Hannover, Band 1–11, Hannover 1864–1884; Band 10, 54.
25 Siehe WÖHRMANN, Die Unterscheidung von Exotik und Esoterik bei Leibniz, 80.
26 GP Band 3, 336f.
27 GP Band 3, 337f.
28 GP Band 3, 333–375.
29 Siehe dazu die Bemerkung von LEIBNIZ über den philosophischen Tiefsinn der englischen Damen, Anm. 26.
30 KLOPP, Die Werke von Leibniz gemäß seinem handschriftlichen Nachlasse in der Königlichen Bibliothek zu Hannover, Band 8, 178.
31 GP Band 3, 348.
32 HOLZHEY, Der Philosoph für die Welt – eine Chimäre der deutschen Aufklärung? 124f.

Sechstes Kapitel

1 Giuseppa Eleonora BARBAPICCOLA, I Principij della Filosofia Di Renato Des-Cartes. Tradotti dal Francese col confronto del Latino in cui l'Autore gli scrisse, Torino [=Napoli] 1722.
2 BARBAPICCOLA, ebenda I–XX. [Da der Brief „an die Leser" nicht paginiert ist, stammt die folgende Paginierung von mir, UPJ.]
3 Zur Werkgeschichte der Cartesischen *Principia* siehe Artur BUCHENAUS Vorrede zu René DESCARTES, Die Prinzipien der Philosophie, übersetzt und eingeleitet von A.B. Leipzig 1922, III–XXV.
4 BARBAPICCOLA, I Principij della Filosofia Di Renato Des-Cartes, VIII.
5 BARBAPICCOLA, ebenda, IX.
6 BARBAPICCOLA, ebenda, XII.
7 Ich danke H.W. für seinen Hinweis und M.K. für die Hilfe bei der Übersetzung.
8 Gli Scrittori d'Italia ... del Conte Giammaria Mazzuchelli Bresciano, Vol. II, Parte I, Brescia 1758.
9 Dizionario Biografico Degli Italiani, Istituto Enciclopedia Italiana, Roma.
10 BARBAPICCOLA, I Principij della Filosofia Di Renato Des-Cartes, I.
11 François POULAIN DE LA BARRE, De l'égalité des deux sexes. Discours physique et

moral, où l'on voit l'importance de se défaire des Préjugez, Paris 1674 (Reprint Paris 1984).

12 Giovanni BOCCACCIO, Tutte le opere. Vol. X. De mulieribus claris, Milano 1967.

13 BARBAPICCOLA, I Principij della Filosofia Di Renato Des-Cartes, VIII.

14 BARBAPICCOLA, ebenda, XIII.

Siebentes Kapitel

1 Das zumindest legen nur schon einige Titel seines enormen Schaffens nahe: Politik, oder Vernünfftige Gedancken von dem Gesellschaftlichen Leben der Menschen und Insonderheit dem gemeinen Wesen, Halle 1721; Moral, oder Vernünfftige Gedankken von der Menschen Tun und Lassen ..., Halle 1720; Metaphysik, oder Vernünfftige Gedancken von Gott, der Welt und der Seele des Menschen, auch allen Dingen überhaupt, Halle 1720.

2 Georg Ernst Graf von MANTEUFFEL, 1676–1749, Legationsrat am königlich-polnischen Hof, pflegte in seinen späteren Jahren einen umfangreichen philosophischen Briefwechsel, unter anderem mit WOLFF. JÖCHERS Allgemeines Gelehrten-Lexikon verzeichnet ihn als Stifter der Aletophilen in Berlin.

3 Bei der Darstellung des Wolffschen Projektes einer Damenphilosophie folge ich einerseits dem Artikel von Jean ECOLE, A propos du projet de Wolff d'écrire une ‚Philosophie des Dames', in: Studia Leibnitiana XV (1983), 46–57; sowie der Darstellung von Heinrich OSTERTAG, Der philosophische Gehalt des Wolff-Manteuffelschen Briefwechsels, 2. Kapitel: La Philosophie des Dames, in: Christian WOLFF, Gesammelte Werke, III. Abt., Materialien und Dokumente, Band 14, 15–49. Da der Briefwechsel zwischen Wolff und Manteuffel noch unveröffentlicht in der Universitätsbibliothek in Leipzig aufbewahrt wird, orientiere ich mich bei den Briefzitaten an den Darstellungen OSTERTAGS und ECOLES; hier OSTERTAG, 15 und ECOLE, 47. (Um Verwirrung zu vermeiden, habe ich entsprechend moderner Usanzen auf die im Original übliche Großschreibung der auf die „Dames" bezüglichen Personalpronomina verzichtet).

4 Immanuel KANT, Beobachtungen über das Gefühl des Schönen und Erhabenen, 3. Abschnitt: Über das Gegenverhältnis der Geschlechter, AA Band II, 231f.

5 ECOLE, A propos du projet de Wolff d'écrire une ‚Philosophie des Dames', 47.

6 OSTERTAG, Der philosophische Gehalt des Wolff-Manteuffelschen Briefwechsels, 16.

7 THÜRMER-ROHR wendet sich in ihrem Artikel gleichen Titels vor allem gegen das Trägheitsmoment einer Gesellschaft, die, von Männern dominiert, an den Rand der Katastrophe gebracht wurde. Der Ruf nach einer umfassenden Feminisierung der Gesellschaft sei letztlich nur der Versuch der Männer, sich aus der eigenen Tätergeschichte herauszustehlen. Nach THÜRMER-ROHR sind ‚Männlichkeit' und ‚Weiblichkeit' „historische Geschlechtskrankheiten. Die Addition der einen Krankheit mit der anderen ergibt keine Genesung, sondern die Ausbreitung der Krankheit mit im-

mer neuen überraschenden Symptomen. Die Krankheiten sind nicht erträglicher zu machen oder gar zu heilen durch gegenseitige Ergänzung.“ Siehe Christina THÜRMER-ROHR, Vagabundinnen. Feministische Essays, Berlin 1987, zitiert 120. Im zehnten Kapitel wird ausführlicher auf die Feminisierungsfrage eingegangen.

8 OSTERTAG, Der philosophische Gehalt des Wolff-Manteuffelschen Briefwechsels, 17.

9 OSTERTAG, ebenda, 22.

10 Die noch aus der Cartesischen Tradition stammende egalistische Auffassung gleichartiger und damit gleichwertiger intellektueller Befähigung von Männern wie Frauen beginnt sich schon im frühen achzehnten Jahrhundert über den einsetzenden physiologisch-sensualistischen Diskurs zuungunsten der weiblichen Gelehrsamkeit abzuschleifen. In der Cartesischen Tradition, insbesondere bei POULAIN DE LA BARRE, führt gerade die Trennung von *res cogitans* und *res extensa* nicht zu einer Abwertung der weiblichen Verstandesbefähigung aufgrund einer etwaigen schwächeren physischen Konstitution, sondern zur These, der Verstand habe kein Geschlecht. Siehe François POULAIN DE LA BARRE, De l'égalité des deux sexes. Discours physique où l'on voit l'importance de se défaire des Préjugez, Paris 1674, Reprint Paris 1984, 59: *„La raison n'a point de sexe.“* Der nun einsetzende sensualistisch-physiologische Diskurs über die intellektuelle Befähigung der Menschen wertet diejenige der Frau mit dem Argumentenstrang ab, eine schwächere physische Konstitution führe notwendigerweise zu einer schwächeren Verstandeskraft hin. Vgl. auch: Liselotte STEINBRÜGGE, Das moralische Geschlecht. Theorien und literarische Entwürfe über die Natur der Frau in der französischen Frühaufklärung, Weinheim 1987, 19–46.

11 Dieser ebenso amüsante wie aufschlußreiche erste Lehrbrief kann nachgelesen werden bei OSTERTAG, Der philosophische Gehalt des Wolff-Manteuffelschen Briefwechsels, 27–32.

12 Siehe hier Kapitel 5.

Achtes Kapitel

1 J.H.S. FORMEY, La Belle Wolfienne. Avec deux Lettres Philosophiques; l'une, sur l'Immortalité de l'Ame; & l'autre, sur l'Harmonie préétablie, Tome 1–6, La Haye; Nachdruck in Chr. WOLFF, Ges. Werke, III. Abt., Band 16.1–2, hg. und eingeleitet von Jean ECOLE, Hildesheim 1983.

2 Vgl. dazu speziell Heinrich OSTERTAG, Der philosophische Gehalt des Wolff-Manteuffelschen Briefwechsels, 44–46 und Jean ECOLE, A propos du projet de Wolff d'écrire une ‚Philosophie des Dames', 55.

3 Vgl. ECOLE im Vorwort zu seiner Ausgabe von FORMEYS Buch.

4 Vgl. Kurt MÜLLER, Leibniz-Bibliographie. Die Literatur über Leibniz, Frankfurt 1967. Auf Seite 290 findet sich folgender Titel: Die schöne Wolffianerin. Aus dem Frantzösisch übersetzt und mit Anmerkungen versehen von C.G.I. BDCH., Frankfurt und Leipzig 1741–42.

5 Johanne Charlotte UNZER-ZIEGLER, Johannen Charlotten Zieglerin Grundriss einer Weltweissheit für das Frauenzimmer mit Anmerckungen und einer Vorrede begleitet, von Johann Gottlieb KRÜGERN, der Weltweissheit und Arzneygelahrtheit Doctor und Professor, der Römisch-Käyserlichen Academie der Naturforscher, und der Königlich-Preussischen Academie der Wissenschaften Mitgliede, Halle im Magdeburgischen, Verlegts Carl Hermann HEMMERDE. 1751

6 UNZER-ZIEGLER, ebenda, 360. Ich zitiere nach Thomas GEHRING, Johanne Charlotte Unzer-Ziegler, 1725–1782. Ein Ausschnitt aus dem literarischen Leben in Halle, Göttingen und Altona, Bern/Frankfurt 1973.

7 Siehe GEHRING, Johanne Charlotte Unzer-Ziegler, 129.

8 Versuch einer Logic für Frauenzimmer. Herausgegeben von Philippine, Freyinn KNIGGE, Hannover 1789, Vorrede, V.

9 KNIGGE, ebenda.

10 KNIGGE, ebenda, VI.

11 KNIGGE, ebenda, VIf.

12 [Carl Friedrich TROELTSCH], Die Frauenzimmerschule oder sittliche Grundsätze zum Unterricht des schönen Geschlechts, wie sich selbiges bey allen Vorfallenheiten in der Welt auf eine bescheidene Art zu betragen habe? Frankfurt 1766.

13 Marie de RABUTIN-CHANTAL, Marquise de SÉVIGNÉ, 1626–1696, verfasste, nachdem sie mit 25 Jahren zur Witwe wurde, rund 1500 Briefe, die größtenteils an ihre Tochter gerichtet waren. Es handelt sich dabei sozusagen um den berühmtesten Fall einer brieflich exponierten Mutter-Tochter-Bindung. Tugendhafte Ratschläge und seelenpoetische Betrachtungen, in anmutig-belehrendem Stil präsentiert, machten den privaten Briefwechsel bald zu einem öffentlichen Bestseller.

14 Vgl. dazu Wolfgang MARTENS, Die Botschaft der Tugend. Die Aufklärung im Spiegel der moralischen Wochenschriften, Stuttgart 1971. Darin vor allem Kapitel 8: Das lesende Frauenzimmer, 520–542.

15 TROELTSCH, Die Frauenzimmerschule oder sittliche Grundsätze zum Unterricht des schönen Geschlechts, wie sich selbiges bey allen Vorfallenheiten in der Welt auf eine bescheidene Art zu betragen habe?, 15.

16 TROELTSCH, ebenda, 79.

17 TROELTSCH, ebenda, 121.

Neuntes Kapitel

1 François de LAROCHEFOUCAULD, Spiegel des Herzens. Seine sämtlichen Maximen, hg. von Wolfgang KRAUS, Zürich 1988. Hier zitiert 20.

2 LAROCHEFOUCAULD, ebenda, 20.

3 LAROCHEFOUCAULD, ebenda, 69.

4 Charles de MONTESQUIEU, Lettres persanes, Paris 1973. Für die Zitate benutze ich die deutsche Ausgabe: Charles de MONTESQUIEU, Perserbriefe, aus dem Französi-

schen mit Anmerkungen und Nachwort von Jürgen von STACKELBERG, Frankfurt 1988.

5 Immanuel KANT, Beobachtungen über das Gefühl des Schönen und Erhabenen, 4. Abschnitt, Über den Nationalcharakter, AA II, 253f.

6 KANT, ebenda, 254.

7 Lady Mary MONTAGU, Briefe aus dem Orient, Frankfurt 1982. Bearbeitet von Irma BÖHLER, nach der Ausgabe von 1784 in der Übersetzung von ECKERT.

8 So Lady A.M. im Vorwort zu deutschen Übersetzung von 1764.

9 MONTAGU, Briefe aus dem Orient, 133f.

10 MONTAGU, Briefe aus dem Orient, 165. Der Brief ist an Alexander POPE, Shakespeare-Herausgeber und Hauptvertreter des Klassizismus in England gerichtet.

11 MONTAGU, Briefe aus dem Orient, 193.

12 KANT, Beobachtungen über das Gefühl des Schönen und Erhabenen, 237f.

13 MONTAGU, Briefe aus dem Orient, 196.

14 MONTAGU, ebenda, 198f.

15 Giacomo CASANOVA, Chevalier de Seingalt, Geschichte meines Lebens, herausgegeben und kommentiert von Günter ALBRECHT in Zusammenarbeit mit Barbara ALBRECHT, nach der revidierten und ergänzten Übersetzung von Heinrich CONRAD, München 1984, 12 Bände. – Die Korrespondenz etwa mit der Dichterin Elisa von der RECKE oder mit dem Mozart-Librettisten Lorenzo DA PONTE ist nachzulesen in Giacomo CASANOVA, Gesammelte Briefe, ausgewählt und eingeleitet von Enrico STRAUB, 2 Bände, Berlin 1969.

16 CASANOVA, Geschichte meines Lebens, Band 2, 97.

17 CASANOVA, Gesammelte Briefe, Band 2, 255–299.

18 Wolfgang Amadeus MOZART, Konstanze und Belmonte oder Die Entführung aus dem Serail, Oper in drei Aufzügen, Text von Chr.F. BRETZNER, in der Bearbeitung von J.G. STEPHANIE d.J., Stuttgart 1949, 23.

19 MOZART, ebenda, 14.

20 MOZART, ebenda, 33.

21 MOZART, ebenda, 27.

22 MOZART, ebenda.

23 Zur Quellenlage und mutmaßlichen Entstehungsgeschichte des Librettos vgl. Wilhelm ZENTNERS Einleitung zu MOZARTS Serail, 5f.

24 MOZART, Konstanze und Belmonte oder Die Entführung aus dem Serail, 26f.

25 MOZART, ebenda, 32.

Zehntes Kapitel

1 Jean le Rond D'ALEMBERT (ed.), Encyclopédie ou Dictionnaire raisonné des sciences, des arts et des métiers, Paris 1751–1780, 35 Bände, Reprint Stuttgart/Bad Canstatt 1966–1967. Hier zitiert: Band VI, 475a.[Die Kursivsetzung stammt von mir, UPJ]

2 Jean-Jacques ROUSSEAU, Emile oder über Erziehung, herausgegeben von Martin RANG, Stuttgart 1976, hier zitiert 775f.

3 ROUSSEAU, ebenda, 776.

4 Johann Caspar LAVATER, Physiognomische Fragmente zur Beförderung der Menschenkenntnis und Menschenliebe. Eine Auswahl mit 101 Abbildungen, Stuttgart 1984, 260.

5 LAVATER, ebenda, 261.

6 Gotthold Ephraim LESSING, Miss Sara Sampson. Ein Trauerspiel in fünf Aufzügen, Stuttgart 1976, 14f.

7 Gotthold Ephraim LESSING, Emilia Galotti. Ein Trauerspiel in fünf Aufzügen, Stuttgart 1988, 55f.

8 KANT, Nachlaß, AA XX, 62. Auf die in verschiedener Hinsicht nicht ganz eindeutige Stellungnahme KANTS bin ich ausführlich eingegangen in: JAUCH, Kant zur Geschlechterdifferenz, Kapitel 5.4.3: Die schöne Tugend – Absenz und Transzendierung der Prinzipien, 83–98.

9 MONTESQUIEU, Perserbriefe, 22.

10 Daß es sich dabei keineswegs um einen Scherz, sondern um schlagzeilenmäßig aufgemachte (Medien-) Realität in der Schweiz handelt, kann im ‚Blick'-Aushang vom 1. Dezember 1988 nachgelesen werden. [Beim ‚Blick' handelt es sich um die schweizer Variante von ‚Bild' und ‚Kronenzeitung'.]

11 Bruno S. FREY und Hannelore WECK-HANNEMANN, Gleichheit der Frau? Eine ökonomische Betrachtung, in: ‚Neue Zürcher Zeitung' Nr. 253 vom 29. Oktober 1988, 97.

12 Yvonne-Denise KÖCHLI, Unsere Hochschulen stecken noch voller Frauenfallen, in: ‚Weltwoche' Nr. 52 vom 29. Dezember 1988, 29.

13 Christina THÜRMER-ROHR, Vagabundinnen. Feministische Essays, Berlin 1987, zitiert 120.

Elftes Kapitel

1 KANT, Beobachtungen über das Gefühl des Schönen und Erhabenen, AA II, 233.

2 Briefe der Ninon LENCLOS, mit zehn Radierungen von Karl WALSER, Frankfurt 1989, 54f, 56 et passim.

3 LENCLOS, ebenda, 48f.

4 Giacomo CASANOVA, Geschichte meines Lebens, München 1984, Band I, 7ff. [Die Hervorhebung stammt von mir. UPJ]

5 KANT, Beobachtungen über das Gefühl des Schönen und Erhabenen, AA II, 231f.

6 KANT, ebenda, A II, 232 oben.

7 KANT, Anthropologie, AA VII, 152.

8 Der kleine Zusatz zur Realisierung universalistisch gedachter Gleichheitsprinzipien namens Art. 4bis der Schweizerischen Bundesverfassung lautet immerhin: „1) Mann

und Frau sind gleichberechtigt. 2) Mann und Frau haben die gleichen Rechte und Pflichten in der Familie. 3) Mann und Frau haben Anspruch auf gleichen Lohn für gleiche oder gleichwertige Arbeit. 4) Mann und Frau haben Anspruch auf Gleichbehandlung und Chancengleichheit in Erziehung, Schul- und Berufsbildung sowie bei Anstellung und Berufsausübung." Der Verfassungszusatz wurde erst 1981 durch eine Volksabstimmung angenommen.

9 Adolph Freiherr von KNIGGE, Über den Umgang mit Menschen, Frankfurt 1977, 189.

10 Auch diese Bemerkung reflektiert realexistente schweizer Verhältnisse und ist somit mehr als nur ein schlechter Scherz.

11 Die Bemerkung findet sich im handschriftlichen Nachlaß KANTS und lautet im vollen Wortlaut: „Dieses [damit ist die ‚schöne' weibliche Tugend als Voraussetzung und passive Bedingung männlicher Moralisierung gemeint; UPJ] ist vortrefflich, denn das Frauenzimmer ist der Wetzstein der Tugend ... u. es würde auch die männliche Tugend keinen Gegenstand der Ausübung haben, wenn das Frauenzimmer selbst so wäre". Siehe KANT, Nachlaß, AA XX, 109.

Zwölftes Kapitel

1 Jean-Jacques ROUSSEAU, Emile oder Über die Erziehung, 5. Buch, Sophie oder die Frau, Stuttgart 1963, 742.

2 Der hermeneutischen Präzision wegen schreibt sich hier die grammatisch ‚geschlechtsneutral' genannte 3. Person Singular für einmal durchaus mit Doppel-N [= manN].

3 Julien Offray de LAMETTRIE, L'Homme Machine, Leiden 1747.

4 N.N. [Jean-Baptiste de Boyer, Marquis D'ARGENS], Thérèse Philosophe ou Mémoires pour servir à l'Histoire de D. Dirrag & de Mademoiselle Eradice. A la Haye, o.J., siehe 7, 16f et passim.

5 D'ARGENS, Thérèse Philosophe ou Mémoires pour servir à l'Histoire de D. Dirrag & de Mademoiselle Eradice, 18f.

6 D'ARGENS, ebenda, 23.

7 Siehe Peter WAGNER, Lust & Liebe im Rokoko, Nördlingen 1986, 26ff.

8 Julien Offray de LAMETTRIE, La Volupté, Leiden 1747; L'Art de jouir, Leiden 1751.

9 Die geschilderte Verführung der Mademoiselle Eradice entspricht keineswegs nur der Phantasie ihres Berichterstatters. D'ARGENS rapportiert eine historische Begebenheit, nämlich den Girard-Cadière- Skandal, der als Beichstuhl-Verführung 1731 zunächst in Frankreich und dann in ganz Europa großes Aufsehen erregte und die antiklerikale Untergrundpresse anhaltend beschäftigte. Siehe WAGNER, Lust & Liebe im Rokoko, 27.

10 Siehe D'ARGENS, Thérèse Philosophe ou Mémoires pour servir à l'Histoire de D. Dirrag & de Mademoiselle Eradice, 94ff und 107 – 120.

11 D'ARGENS, ebenda, et passim.
12 D'ARGENS, ebenda, 86.
13 Siehe Bernd A. LASKAS Einleitung zu LAMETTRIE, Die Kunst, Wollust zu empfinden, Nürnberg 1987, XII.
14 D'ARGENS, Thérèse Philosophe ou Mémoires pour servir à l'Histoire de D. Dirrag & de Mademoiselle Eradice, 52ff.
15 D'ARGENS, ebenda, Teil II, 62. Zur Identifikation der Titel siehe Peter WAGNER, Lust und Liebe im Rokoko, 26–32.
16 Zu einem ähnlichen Schluß kommt auch WAGNER: „D'Argens' Roman hat zwar sehr starke pornographische Elemente..., doch sollte man seine didaktische Absicht nicht unterschätzen, die auf die Vermittlung der libertinistischen Ideologie und der ‚natürlichen Religion' zielte und somit die Verbindung zur Philosophie der Aufklärung herstellte." Siehe WAGNER, Lust und Liebe im Rokoko, 27.
17 Choderlos de LACLOS, Les liaisons dangereuses, ou Lettres recueillies dans une société, & publiées pour l'instruction de quelques autres, Paris 1782. Ich zitiere im folgenden nach der deutschen Übersetzung, München 1988.
18 LACLOS, 195–205.
19 Welche Penibilitäten in der philosophischen Sade-Rezeption auch noch heute gängig sind, zeigt sich etwa darin, daß 1989 der Ullstein-Verlag die erste Fassung der Justine, geschrieben 1787 während SADES Gefangenschaft in der Bastille, in der Reihe ‚Die Frau in der Literatur' [sic!] placierte.
20 Donatien-Alphonse-François, Marquis de SADE, Die neue Justine oder: Vom Mißgeschick der Tugend; gefolgt von der Geschichte ihrer Schwester Juliette oder: Vom Segen des Lasters, neu übersetzt und herausgegeben von Stefan ZWEIFEL/Michael PFISTER, München 1990, Band I. Hier siehe Stefan ZWEIFEL/Michael PFISTER, Sade zwischen Justine und Juliette, 34.
21 Zitiert bei de BEAUVOIR, Soll man de Sade verbrennen?, 53, siehe unten.
22 Simone de Beauvoir, Soll man de Sade verbrennen? Drei Essays zur Moral des Existentialismus, Hamburg 1985.
23 Andrea DWORKIN, Pornographie. Männer beherrschen Frauen, Köln 1987. Siehe vor allem Kapitel 3: Der Marquis de Sade, 88–123.
24 Marquis de SADE, Die Philosophie im Boudoir, oder Die lasterhaften Lehrmeister. Dialoge, zur Erziehung junger Damen bestimmt, Gifkendorf 1989, hier 25. [Auf die teilweise mangelhafte und schwierige Übersetzungslage der Werke Sades in Deutschland muß nicht mehr speziell hingewiesen werden.]
25 François de Salignac de la Mothe FÉNÉLON, Traité de l'éducation des filles, Erstausgabe Paris 1687, zitiert nach der Ausgabe Paris 1818, hier 1.
26 SADE, Die Philosophie im Boudoir, 7.
27 Siehe Stefan ZWEIFEL/Michael PFISTER, Sade zwischen Justine und Juliette, in: SADE, Justine I, 14.
28 SADE, Justine I, 110.
29 SADE, Justine I, 176.

30 SADE, Justine I, 113f.

31 Làszlò F. FÖLDÈNI, Der Tod und die Marionette. Gedanken über „Justine und Juliette“ des Marquis des Sade, in: Justine I, 277.

32 FÖLDÈNI, ebenda, 279

VIERZEHNTES KAPITEL

—

welches wiederum keinen Anspruch darauf stellt, ein Kapitel zu sein, sondern ein Verzeichnis der zitierten Literatur & ein Abbildungsverzeichnis enthält

ALGAROTTI, Francesco: Il Newtonianismo per le Dame ovvero Dialoghi sopra la Luce e i Colori, Napoli MDCCXXXVII.

BADINTER, Elisabeth: Emilie, Emilie. Weiblicher Lebensentwurf im 18. Jahrhundert, München 1984.

BARBAPICCOLA, Giuseppa Eleonora: I Principii della Filosofia Di Renato Des-Cartes. Tradotti dal Francese col confronto del Latino in cui l'Autore gli scrisse. Torino [= Napoli] 1722.

[BDCH, C.G.I.]: Die schöne Wolffianerin. Aus dem Frantzösisch übersetzt und mit Anmerkungen versehen von C.G.I. BDCH, Frankfurt /Leipzig 1741–42.

BEAUVOIR, Simone de: Soll man de Sade verbrennen? Drei Essays zur Moral des Existentialismus, Hamburg 1985.

BOCCACCIO, Giovanni: Tutte le opere. Vol. X. De mulieribus claris, Milano 1967.

BODEMANN, Eduard: Die Leibniz-Handschriften der königlichen öffentlichen Bibliothek zu Hannover, Hildesheim 1966 (Faks.).

BODEMANN, Eduard: Briefwechsel zwischen Leibniz und der Herzogin Elisabeth Charlotte von Orléans. 1715/16, in: Zeitschrift des historischen Vereins für Niedersachsen, 1884.

BOEHN, Max von: Rokoko. Frankreich im 18. Jahrhundert, Berlin 1923:

[BRESCIANO, Giammaria Mazzuchelli]: Gli Scrittori d'Italia ... del Conte Giammaria Mazzuchelli Bresciano, Vol. II, Parte I, Brescia 1758.

BUNDESVERFASSUNG der Schweizerischen Eidgenossenschaft. (Vom 29. Mai 1874). Stand 1982 [= BV].

CARBONCINI, Sonia: Vorwort zur Neuausgabe von CHÂTELET, Marquise du: Institutions Physiques [= Chr. WOLFF, Gesammelte Werke, III. Abtlg., Band 28, Hildesheim 1988, IV–XI].

CASANOVA, Giacomo, Chevalier de Seingalt: Geschichte meines Lebens, herausgegeben und kommentiert von Günter ALBRECHT in Zusammenarbeit mit Barbara ALBRECHT, nach der revidierten und ergänzten Übersetzung von Heinrich CONRAD, München 1984, 12 Bände.

CASANOVA, Giacomo: Gesammelte Briefe, ausgewählt und eingeleitet von Enrico STRAUB, 2 Bände, Berlin 1969.

CHÂTELET, Gabrielle-Emilie Le Tonnelier de Breteuil, Marquise du: Institutions Physiques [= Chr. WOLFF, Gesammelte Werke, III. Abtlg., Band 28, Hildesheim 1988].
D'ALEMBERT, Jean le Rond (ed.): Encyclopédie ou Dictionnaire raisonné des sciences, des arts et des métiers, Paris 1751–1780, 35 Bände, Reprint Stuttgart/Bad Canstatt 1966–1967.
[D'ARGENS, Jean-Baptiste de Boyer, Marquis]: Thérèse Philosophe ou Mémoires pour servir à l'Histoire de D. Dirrag & de Mademoiselle Eradice, A la Haye, o.J.
DESCARTES, René: Die Prinzipien der Philosophie, übersetzt und eingeleitet von Artur BUCHENAU, Leipzig 1922.
DIDEROT, Denis: Les Bijoux indiscrets, La Haye [Paris] 1748.
DIZIONARIO BIOGRAFICO DEGLI ITALIANI, Istituto Enciclopedia Italiana, Roma.
DROYSEN, H.: Die Marquise du Châtelet, Voltaire und der Philosoph Christian Wolff, in: Zeitschrift für französische Sprache und Literatur, 35 (1909).
DWORKIN, Andrea: Pornographie. Männer beherrschen Frauen, Köln 1987.
EBERHARD, J.A.(Hg.): Versuch einer Geschichte der Fortschritte der Philosophie in Deutschland ..., Halle 1794.
ECOLE, Jean: A propos du projet de Wolff d'écrire une ‚Philosophie des Dames', in: studia leibnitiana XV (1983).
FÉNÉLON, François de Salignac de la Mothe: Traité de l'éducation des filles, Erstausgabe Paris 1687, zitiert nach der Ausgabe Paris 1818.
FONTENELLE, Bernard de : Entretiens sur la pluralité des mondes. A Paris, chez la veuve C. Blageart, MDCLXXXVI, Neuausgabe: Edition critique, Paris 1986.
FONTENELLE, Bernhard von: Dialogen über die Mehrheit der Welten, mit Anmerkungen und Kupfertafeln von Johann Elert BODE, Berlin 1780, Nachdruck Weinheim 1983.
FORMEY, J.H.S.: La Belle Wolfienne. Avec deux Lettres Philosophiques; l'une, sur l'Immortalité de l'Ame; & l'autre, sur l'Harmonie préétablie, Tome 1–6, La Haye; Nachdruck in: Chr. WOLFF, Ges. Werke, III. Abt., Band 16, 1–2, hg. und eingeleitet von Jean ECOLE, Hildesheim 1983.
FÖLDÈNI, Làszlò F.: Der Tod und die Marionette. Gedanken über „Justine und Juliette" des Marquis des Sade; in: Die neue Justine ..., München 1990, Band I.
FREY, Bruno S./WECK-HANNEMANN, Hannelore: Gleichheit der Frau? Eine ökonomische Betrachtung, in: ‚Neue Zürcher Zeitung' Nr. 253 vom 29. Oktober 1988, 97.
GERHARDT, Carl Immanuel (Hg.): Die philosophischen Schriften von G.W. Leibniz, Band 1–7, Berlin 1875–1890 [=GP].
GEHRING, Thomas: Johanne Charlotte Unzer-Ziegler, 1725–1782. Ein Ausschnitt aus dem literarischen Leben in Halle, Göttingen und Altona, Bern/Frankfurt 1973.
GÉRARD, Abbé de: La Philosophie des Gens de Cour, à Paris MDCLXXXI, Paris ³1685.
GOTTSCHED, Johann Christian: Gespräch von Mehr als einer Welt zwischen einem Frauenzimmer und einem Gelehrten. Nach der neuesten Französischen Auflage übersetzt von Joh. Chr. Gottscheden, Leipzig 1726.
GUHRAUER, G.E.: Leibnitz's Deutsche Schriften, zweiter Band, Berlin 1840.

HANKINS, Olan Brent: Leibniz as Baroque Poet. An Interpretation of his German Epicedium on the Death of Queen Sophie Charlotte, Bern 1973.
HIPPEL, Theodor Gottlieb von: Über die bürgerliche Verbesserung der Weiber, Königsberg 1793, in: Sämmtliche Werke, 14 Bände, Berlin 1827–1839, Band 6.
HOLZHEY, Helmut: Der Philosoph für die Welt – eine Chimäre der deutschen Aufklärung? In: Esoterik und Exoterik der Philosophie. Beiträge zu Geschichte und Sinn philosophischer Selbstbestimmung, Basel/Stuttgart 1977.
JAUCH, Ursula Pia: Immanuel Kant zur Geschlechterdifferenz. Aufklärerische Vorurteilskritik und bürgerliche Geschlechtsvormundschaft, Wien [2]1989.
KANT, Immanuel: Gesammelte Schriften, herausgegeben von der königlichen Preußischen Akademie der Wissenschaften, Berlin/Leipzig 1902–1985 [= AA I – XXIX], insb. Bände II, VII, X, XV/2, XX.
KANT, Immanuel: Menschenkunde oder philosophische Anthropologie, in: Immanuel Kants Menschenkunde, nach handschriftlichen Vorlesungen herausgegeben von Fr. Chr. STARKE, Hildesheim 1976 (Reprint).
KLOPP, Onno (Hg.): Die Werke von Leibniz gemäß seinem handschriftlichen Nachlasse in der Königlichen Bibliothek zu Hannover, Band 1–11, Hannover 1864–1884.
KNIGGE, Adolph Freiherr von: Über den Umgang mit Menschen, Frankfurt 1977.
[KNIGGE, Freyinn von]: Versuch einer Logic für Frauenzimmer, herausgegeben von Philippine, Freyinn KNIGGE, Hannover 1789.
KÖCHLI, Yvonne-Denise: Unsere Hochschulen stecken noch voller Frauenfallen, in: ‚Weltwoche' Nr. 52 vom 29. Dezember 1988, 29.
LACLOS, Choderlos de: Die gefährlichen Bekanntschaften, übersetzt von Christian von BONIN, München 1988.
LACLOS, Choderlos de: Les liaisons dangereuses, ou Lettres recueillies dans une société, & publiées pour l'instruction de quelques autres, Paris 1782.
LALANDE, Joseph Jerôme de: Astronomie des Dames, Paris 1820. Nouvelle édition 1824.
LAMETTRIE, Julien Offray de: L'Art de jouir, Leiden 1751.
LAMETTRIE, Julien Offray de: L'Homme Machine, Leiden 1747.
LAMETTRIE, Julien Offray de: La Volupté, Leiden 1747
LAROCHEFOUCAULD, François de: Spiegel des Herzens. Seine sämtlichen Maximen, hg. von Wolfgang KRAUS, Zürich 1988.
LASKA, Bernd A.: Einleitung zu LAMETTRIE, Die Kunst, Wollust zu empfinden, Nürnberg 1987.
LAVATER, Johann Caspar: Physiognomische Fragmente zur Beförderung der Menschenkenntnis und Menschenliebe, eine Auswahl mit 101 Abbildungen, Stuttgart 1984.
LEIBNIZ, Gottfried Wilhelm: Die Theodizee, Hamburg 1968.
LEIBNIZ, Gottfried Wilhelm: Discours de Métaphysique, in: Carl Immanuel GERHARDT (Hg.): Die philosophischen Schriften von G.W. Leibniz, Band 1–7, Berlin 1875–1890 [=GP], Band 4.
LENCLOS, Ninon de: Briefe der Ninon Lenclos, Neuauflage Frankfurt 1989.

LESSING, Gotthold Ephraim: Emilia Galotti, ein Trauerspiel in fünf Aufzügen, Stuttgart 1988.
LESSING, Gotthold Ephraim: Miss Sara Sampson, ein Trauerspiel in fünf Aufzügen, Stuttgart 1976.
LESSING, Gotthold Ephraim: Sämtliche Schriften, Lachmann-Munckersche Gesamtausgabe, 23 Bände, Stuttgart 1886–1924.
MARTENS, Wolfgang: Die Botschaft der Tugend. Die Aufklärung im Spiegel der moralischen Wochenschriften, Stuttgart 1971.
MERCHANT, Carolyn: Die Natur im Denken von Frauen. Anne Conway und andere philosophierende Feministinnen, in: Der Tod der Natur. Ökologie, Frauen und neuzeitliche Naturwissenschaft, München 1987.
MEYER, Gerald Dennis: The Scientific Lady in England 1650–1760, Berkeley 1955.
MONTAGU, Lady Mary: Briefe aus dem Orient, Frankfurt 1982, bearbeitet von Irma BÖHLER nach der Ausgabe von 1784 in der Übersetzung von ECKERT.
MONTESQUIEU, Charles de: Lettres persanes, Paris 1973.
MONTESQUIEU, Charles de: Perserbriefe, aus dem Französischen mit Anmerkungen und Nachwort von Jürgen von STACKELBERG, Frankfurt/M 1988.
MOZART, Wolfgang Amadeus: Konstanze und Belmonte oder Die Entführung aus dem Serail, Oper in drei Aufzügen, Text von Chr.F. BRETZNER in der Bearbeitung von J.G. STEPHANIE d.J., Stuttgart 1949.
MÜLLER, Kurt: Leibniz-Bibliographie. Die Literatur über Leibniz, Frankfurt 1967.
OSTERTAG, Heinrich: Der philosophische Gehalt des Wolff-Manteuffelschen Briefwechsels, 2. Kapitel: La Philosophie des Dames, in: Christian WOLFF, Gesammelte Werke, III. Abt, Materialien und Dokumente, Hildesheim 1980, Band 14.
POULAIN DE LA BARRE, François: De l'égalité des deux sexes. Discours physique et moral, où l'on voit l'importance de se défaire des Préjugez. Paris 1674 (Reprint Paris 1984).
RITZEL, Wolfgang: Immanuel Kant. Eine Biographie, Berlin 1985
ROUSSEAU, Jean-Jacques: Emile oder Über die Erziehung, hg. von Martin RANG, Stuttgart 1976.
SADE, Donatien Alfonse François, Marquis de: Justine oder Vom Mißgeschick der Tugend, Frankfurt 1989 [Reihe „Die Frau in der Literatur" (sic!)]
SADE, Donatien-Alphonse-François, Marquis de: Die neue Justine oder: Vom Mißgeschick der Tugend; gefolgt von der Geschichte ihrer Schwester Juliette oder: Vom Segen des Lasters, neu übersetzt und herausgegeben von Stefan ZWEIFEL und Michael PFISTER, München 1990, Band I.
SADE, Marquis de: Die Philosophie im Boudoir, oder Die lasterhaften Lehrmeister. Dialoge, zur Erziehung junger Damen bestimmt, Gifkendorf 1989.
STEINBRÜGGE, Liselotte: Das moralische Geschlecht. Theorien und literarische Entwürfe über die Natur der Frau in der französischen Frühaufklärung, Weinheim 1987.
STERNE, Laurence: Leben und Ansichten von Tristram Shandy, Gentleman, Originalausgabe London 1760–67, Neuausgabe Zürich 1983.
THOMASIUS, Christian: Discours Welcher Gestalt man denen Frantzosen in gemeinem

Leben und Wandel nachahmen solle, Leipzig 1701. Neudruck: C.T. Deutsche Schriften, Stuttgart 1970.
THÜRMER-ROHR, Christina: Vagabundinnen. Feministische Essays, Berlin 1987.
TINNER, Walter: Leibniz: System und Exoterik, in: Esoterik und Exoterik der Philosophie. Beiträge zu Geschichte und Sinn philosophischer Selbstbestimmung, Basel/Stuttgart 1977.
[TROELTSCH, Carl Friedrich]: Die Frauenzimmerschule oder Sittliche Grundsätze zum Unterricht des schönen Geschlechts, wie sich selbiges bey allen Vorfallenheiten in der Welt auf eine bescheidene Art zu betragen habe? Frankfurt 1766.
UNZER-ZIEGLER, Johannne Charlotte: Johannen Charlotten Zieglerin Grundriss einer Weltweissheit für das Frauenzimmer mit Anmerckungen und einer Vorrede begleitet, von Johann Gottlieb KRÜGERN, der Weltweissheit und Arzneygelahrtheit Doctor und Professor, der Römisch-Käyserlichen Academie der Naturforscher, und der Königlich-Preussichen Academie der Wissenschaften Mitgliede, Halle im Magdeburgischen, Verlegts Carl Hermann HEMMERDE. 1751.
UTERMÖHLEN, Gerda: Leibniz im Briefwechsel mit Frauen, in: Nidersächsisches Jahrbuch für Landesgeschichte, Nr. 52, 1980.
VOLTAIRE, Voltaires Correspondence, edited by Theodore BESTERMAN, Genf 1954 [=BESTERMAN].
WAGNER, Peter: Lust & Liebe im Rokoko, Nördlingen 1986.
WOLFF, Christian: Chr. Wolffs eigene Lebensbeschreibung, herausgegeben mit einer Abhandlung über Wolff von H. WUTTKE, in: Christian WOLFF, Biographie, Hildesheim 1980.
WOLFF, Christian: Metaphysik, oder Vernünfftige Gedancken von Gott, der Welt und der Seele des Menschen, auch allen Dingen überhaupt, Halle 1720.
WOLFF, Christian: Moral, oder Vernünfftige Gedancken von der Menschen Tun und Lassen ..., Halle 1720.
WOLFF, Christian: Politik, oder Vernünfftige Gedancken von dem Gesellschaftlichen Leben der Menschen und Insonderheit dem gemeinen Wesen, Halle 1721.
WOLFF, Christian: Theologia Naturalis, Vol. I, Halle 1736.
WÖHRMANN, Klaus Rüdiger: Die Unterscheidung von Exoterik und Esoterik bei Leibniz, in: studia leibnitiana, Supplementum XXI [=Akten des III. Internationalen Leibniz-Kongresses 1977, Band 3.].
ZWEIFEL, Stefan/PFISTER, Michael: Sade zwischen Justine und Juliette, in: Die neue Justine ..., München 1990, Band 1.

Abb. 1 Frontispiz der ersten deutschen Übersetzung von FONTENELLES *Entretiens sur la Pluralité des Mondes*.

Abb. 2 Aus: Wilhelm HAUSENSTEIN, Rokoko, München 1924.

Abb. 3 Aus: Bernhard von FONTENELLE, Dialogen über die Mehrheit der Welten. Mit Anmerkungen und Kupfertafeln von Johann Elert BODE, Berlin 1780, Nachdruck Weinheim 1983.

Abb. 4 Aus: Wilhelm HAUSENSTEIN, Rokoko:

Abb. 5 Aus: Francesco ALGAROTTI, Il Newtonianismo per le Dame ovvero Dialoghi sopra la Luce e i Colori, Napoli MDCCXXXVII.

Abb. 6 Aus: Francesco ALGAROTTI, Il Newtonianismo per le Dame ovvero Dialoghi sopra la Luce e i Colori.

Abb. 7 Aus: Christian WOLFF, Gesammelte Werke, III. Abtlg., Band 28, Hildesheim 1988.

Abb. 8 Aus: André MOREL, La Marquise Du Châtelet. Amie de Voltaire, Paris 1930.

Abb. 9 Maurice Quentin de la TOUR, Mlle. Ferrand meditiert über Newton, Pastell, 73,5 x 60,3 cm; Sammlung der Bayrischen Hypotheken- und Wechselbank in der Alten Pinakothek.

Abb. 10 Aus: Joseph Jérome de LALANDE, Astronomie des Dames, Paris 1824.

Abb. 11 Aus: Guiseppa Eleonora BARBAPICCOLA, I Principii della Filosofia Di Renato Des-Cartes. Tradotti dal Francese col confronto del Latino in cui L'Autore gli scrisse. Torino [= Napoli] 1722.

Abb. 12 Aus: Guiseppa Eleonora BARBAPICCOLA, I Principii della Filosofia Di Renato Des-Cartes.

Abb. 13 Aus: Wilhelm Hausenstein, Rokoko.

Abb. 14 Aus: Johanne Charlotte ZIEGLER, Johannen Charlotten Zieglerin Grundriss einer Weltweissheit für das Frauenzimmer mit Anmerckungen und einer Vorrede begleitet, von Johann Gottlieb Krüger, der Weltweissheit und Arzneygelahrtheit Doctor und Professor, der Römisch-Käyserlichen Academie der Naturforscher, und der Königlich-Preussischen Academie der Wissenschaften Mitgliede, Halle im Magdeburgischen, Verlegts Carl Hermann Hemmerde 1751.

Abb. 15 Aus: Carl Friedrich TROELTSCH, Die Frauenzimmerschule oder Sittliche Grundsätze zum Unterricht des schönen Geschlechts, wie sich selbiges bey allen Vorfallenheiten in der Welt auf eine bescheidene Art zu betragen habe?, Frankfurt 1766.

Abb. 16 Aus: Peter WAGNER, Lust & Liebe im Rokoko, Nördlingen 1986.

Abb. 17 Aus: Johann Caspar LAVATER, Physiognomische Fragmente zur Beförderung der Menschenkenntnis und Menschenliebe, eine Auswahl mit 101 Abbildungen, Winterthur 1787.

Abb. 18 Aus: Wilhelm HAUSENSTEIN, Rokoko.

Abb. 19 Johann Caspar LAVATER, Physiognomische Fragmente zur Beförderung der Menschenkenntnis und Menschenliebe.

Abb. 20 Aus: Wilhelm HAUSENSTEIN, Rokoko.

Abb. 21 Aus: Wilhelm HAUSENSTEIN, Rokoko.

Abb. 22 Johann Caspar LAVATER, Physiognomische Fragmente zur Beförderung der Menschenkenntnis und Menschenliebe.

Abb. 23 Aus: [D'ARGENS, Jean Babtiste de Boyer, Marquis]: Thérèse philosophe ou Mémoires pour servir à l'Histoire de D. Dirrag & de Mademoiselle Eradice, A la Haye, o.J.

Abb. 24 Aus: [D'ARGENS, Jean Babtiste de Boyer, Marquis]: Thérèse philosophe ou Mémoires pour servir à l'histoire de D. Dirrag & de Mademoiselle Eradice.

Abb. 25 Frontispiz eines Raubdruckes der *Thérèse philosophe* von 1774.

Abb. 26 Aus: Thérèse philosophe. Erotische Kupferstiche aus fünf berühmten Büchern, Dortmund 1982 [Die bibliophilen Taschenbücher Nr. 316]

Abb. 27 Aus: Thérèse philosophe. Erotische Kupferstiche aus fünf berühmten Büchern.

Abb. 28 Aus: La Nouvelle Justine. 101 Kupferstiche zu dem Werk des Marquis de Sade, Dortmund 1982 [= Die bibliophilen Taschenbücher Nr. 340].

Abb. 29 Aus: La Nouvelle Justine. 101 Kupferstiche zu dem Werk des Marquis de Sade.

Edition Passagen

Herausgegeben von
Peter Engelmann

1 Recht auf Einsicht
Von Marie-Françoise Plissart (Photographie) und Jacques Derrida (Text)

2 Grabmal des Intellektuellen
Von Jean-François Lyotard

3 Apokalypse
Von einem neuerdings erhobenen apokalyptischen Ton in der Philosophie.
No Apocalypse, not now (full speed ahead, seven missiles, seven missives)
Von Jacques Derrida

4 Die Mauer des Pazifik
Eine Erzählung
Von Jean-François Lyotard

5 Schreiben wie eine Katze ...
Zu E.T.A. Hoffmanns „Lebens-Ansichten des Katers Murr"
Von Sarah Kofman

6 Philosophien
Gespräche mit Michel Foucault, Kostas Axelos, Jacques Derrida, Vincent Descombes, André Glucksmann, Emmanuel Lévinas, Jean-François Lyotard, Jacques Rancière, Paul Ricoeur, Michel Serres

7 Das postmoderne Wissen
Ein Bericht
Von Jean-François Lyotard
Mit einem Vorwort von Peter Engelmann

8 Positionen
Von Jacques Derrida

9 Melancholie der Kunst
Von Sarah Kofman

10 Jenseits vom Subjekt
Von Gianni Vattimo

11 Ethik und Unendliches
Von Emmanuel Lévinas

12 Schibboleth
Von Jacques Derrida

13 Postmoderne für Kinder
Briefe aus den Jahren 1982–1985
Von Jean-François Lyotard

14 Derrida lesen
Von Sarah Kofman

15 Das Andere selbst
Habilitation
Von Jean Baudrillard

16 Das Vergessen der Philosophie
Von Jean-Luc Nancy

17 Der Enthusiasmus
Kants Kritik der Geschichte
Von Jean-François Lyotard

18 Mémoires
Von Jacques Derrida

19 Erstickte Worte
Von Sarah Kofman

20 Wie Meeresrauschen auf dem Grund einer Muschel ...
Paul de Mans Krieg
Mémoires II
Von Jacques Derrida

21 Heidegger und „die Juden"
Von Jean-François Lyotard

22 Geschlecht (Heidegger)
Sexuelle Differenz, ontologische Differenz
Heideggers Hand
Von Jacques Derrida

23 Die Technik und die Schwäche
Ökologie nach Nietzsche, Heidegger
und dem „schwachen Denken"
Von Hans-Martin Schönherr
Mit einem Vorwort von Gianni Vattimo

24 Konversionen
Der Kaufmann von Venedig
unter dem Zeichen des Saturn
Von Sarah Kofman

25 Streifzüge
Gesetz, Form, Ereignis
Von Jean-François Lyotard
Mit einer Bibliographie zum Gesamtwerk
Jean-François Lyotards

26 Die Prüfungen der Neuzeit
Über Postmodernität
Philosophie der Geschichte,
Metaphysik, Gnosis
Von Peter Koslowski

27 Wirtschaft als Kultur
Wirtschaftskultur und Wirtschaftsethik
in der Postmoderne
Von Peter Koslowski

28 Das Inhumane
Plaudereien über die Zeit
Von Jean-François Lyotard

29 Wie nicht sprechen
Verneinungen
Von Jacques Derrida

31 Verführung mit Aids
Eine philosophische Satire
in sechs Monologen
Von Hans-Martin Schönherr

32 Chora
Von Jacques Derrida

33 Ereignis Technik
Von Wolfgang Schirmacher

Passagen Philosophie

Immanuel Kant zur Geschlechterdifferenz
Aufklärerische Vorurteilskritik und
bürgerliche Geschlechtsvormundschaft
Von Ursula Pia Jauch

Schopenhauers Aktualität
Ein Philosoph wird neu gelesen
(Schopenhauer Studien 1/2)
Wolfgang Schirmacher (Hg.)

Vier Fragen zur Philosophie in Afrika,
Asien und Lateinamerika
Franz M. Wimmer (Hg.)

Randgänge der Philosophie
Erste vollständige deutsche Ausgabe
Von Jacques Derrida

Freud-Legende
Vier Studien zum psychoanalytischen Denken
Von Samuel Weber

Schopenhauer in der Postmoderne
(Schopenhauer Studien 3)
Wolfgang Schirmacher (Hg.)

Der unbetrauerbare Tod
Von Laurence A. Rickels
Mit einem Vorwort von Friedrich Kittler

Die Freimaurer und ihr Menschenbild
Über die Philosophie der Freimaurer
Von Giuliano di Bernardo

Zur Möglichkeit von Technikphilosophie
Versuch einer modernen Kritik der Urteilskraft
Von Rainer Schubert

Diskurs und Dezision
Politische Vernunft in der wissenschaftlich-technischen Zivilisation
Hermann Lübbe in der Diskussion
Georg Kohler/Heinz Kleger (Hrsg.)

Interkulturelle Philosophie
Geschichte und Theorie
Band 1
Von Franz M. Wimmer

Gegenlicht
Diskurse zur philosophischen Dialektik
Von Rudolf Gumppenberg

Rückkehr zu Freud
Jacques Lacans Ent-stellung
der Psychoanalyse
Von Samuel Weber

Postmoderne – Anbruch einer
neuen Epoche?
Eine interdisziplinäre Erörterung
Günter Eifler/Otto Saame (Hrsg.)

Verfolgung und Trauma
Zu Emmanuel Lévinas' *Autrement qu'être ou au-delà de l'essence*
Von Elisabeth Weber

Philosophie und Totalitarismus
Zur Kritik dialektischer Diskursivität
Eine Hegellektüre
Von Peter Engelmann

Profile der Ästhetik
Der Status von Kunst und
Architektur in der Postmoderne
Von Heinz Paetzold

Schopenhauer, Nietzsche und die Kunst
Wolfgang Schirmacher (Hrsg.)

Kant als Schriftsteller
Von Willi Goetschel

Damenphilosophie & Männermoral
Von Abbé de Gérard bis Marquis de Sade
Ein Versuch über die lächelnde Vernunft
Von Ursula Pia Jauch

Das Einzigartige und die Sprache
Ein Essay
Von Markus Waldvogel

Verweigerte Versöhnung
Zur Philosophie von Günther Anders
Von Werner Reimann

Die Geschwindelten
Von Gunnar Schmidt

Echo
Von Heide Heinz/Melanie Heinz
Friedrich Kittler/Rudolf Heinz (Hrsg.)

Passagen Politik

Politik und Postmoderne
Postmodernisierung als Demokratisierung?
Von Frank Fechner

Die Bewegung
Hundert Jahre Sozialdemokratie in Österreich
Erich Fröschl/Maria Mesner/Helge Zoitl (Hrsg.)

Passagen Kunst

Das gläserne U-Boot
Von Edith Almhofer/Ulli Lindmayr/
Eleonore Louis (Hrsg.)

Der Hund in der Kunst
Vom Rokoko zur Postmoderne
Von Robert Rosenblum

Passagen Ökonomie

Zwanzig Millionen suchen Arbeit
Bericht der Kreisky-Kommission
Ein Programm für Vollbeschäftigung
in den 90er Jahren
Bruno Kreisky (Hrsg.)

Passagen Buch²

Geburt einer Hauptstadt
Analysen und Chancen einer Stadt
mit neuer Bedeutung
D. Steiner/G. Schöllhammer/
G. Eichinger/Ch. Knechtl (Hrsg.)

Passagen Gesellschaft

Arbeiten und Essen
Politik an den Grenzen des Arbeitsmarkts
Von Georg Vobruba

Tod und Verklärung
Über die elitäre Konstruktion der Wirklichkeit
Von Wolfgang Fach

Passagen Zeitgeschehen

Der Aufstand
Palästinensische und israelische Stimmen
zur Intifada
John Bunzl/Nadia El-Masri (Hrsg.)

die land is ons land
Reportagen aus Südafrika und Namibia
Von Helmuth A. Niederle

Passagen Hefte

1 Vortrag in Wien und Freiburg
Heidegger und „die Juden“
Von Jean-François Lyotard

2 Perikles und Verdi
Von Gilles Deleuze

3 Die Kulturen der Welt als
Experimente richtigen Lebens
Entwurf für eine Weltausstellung
Von Peter Koslowski